TODOS
SOMOS UMA
MARCA

CB034193

CARO(A) LEITOR(A),
Queremos saber sua opinião
sobre nossos livros.
Após a leitura, siga-nos no
linkedin.com/company/editora-gente,
no TikTok @editoragente,
no Instagram @editoragente
e visite-nos no site
www.editoragente.com.br.

Cadastre-se e contribua com
sugestões, críticas ou elogios.

ALFREDO SOARES
PARTICIPAÇÃO NIZAN GUANAES

TODOS SOMOS UMA MARCA

CONSTRUA SEU ECOSSISTEMA DE VENDAS POR MEIO DE INFLUÊNCIA, CONTEÚDO E EXPERIÊNCIA

Diretora
Rosely Boschini

Gerente Editorial Sênior
Rosângela de Araujo Pinheiro Barbosa

Coordenação Editorial
Franciane Batagin Ribeiro

Assistente Editorial
Fernanda Costa

Produção Gráfica
Fábio Esteves

Preparação
Wélida Muniz

Capa, Projeto Gráfico e Diagramação
Anderson Junqueira

Revisão
Fernanda Guerriero Antunes
Alanne Maria

Impressão
Gráfica Rettec

Copyright © 2023 by Alfredo Soares
Todos os direitos desta edição
são reservados à Editora Gente.
Rua Natingui, 379 – Vila Madalena
São Paulo, SP – CEP 05443-000
Telefone: (11) 3670-2500
Site: www.editoragente.com.br
E-mail: gente@editoragente.com.br

DADOS INTERNACIONAIS DE CATALOGAÇÃO NA PUBLICAÇÃO (CIP)
ANGÉLICA ILACQUA CRB-8/7057

Soares, Alfredo
Todos somos uma marca : construa seu ecossistema de vendas por meio de influência, conteúdo e experiência / Alfredo Soares ; prefácio de Nizan Guanaes. - São Paulo : Editora Gente, 2023.
224 p.

ISBN 978-65-5544-193-2

1. Marketing 2. Branding 3. Negócios I. Título II. Nizan, Guanaes

23-2533 CDD 658.8

Índice para catálogo sistemático:
1. Marketing

NOTA DA PUBLISHER

Se por um lado tínhamos os comerciais na televisão como principal veículo de comunicação e propaganda de marcas antigamente, hoje temos uma infinidade de possibilidades de criação com a internet como propulsora e alavanca do mundo digital. É inegável que vivemos constantemente um movimento de transformação no qual as pessoas se tornaram os principais canais de venda, de conteúdo e de comunicação para geração de resultados exponenciais. E as redes sociais são a maior prova disso.

Mas como aprender e entender melhor sobre esse novo mundo? Alfredo Soares, autor best-seller da casa, irá mostrar para você tudo sobre como construir uma marca poderosa e inovadora. Empreendedor nato, Alfredo é uma pessoa que admiro muito, pois começou a construir sua trajetória bem cedo e se consolidou como referência no mercado digital, sendo reconhecido por sua visão estratégica e capacidade inovadora, tornando-se um dos maiores nomes da América Latina quando pensamos em vendas. Além disso, este livro conta com a participação especial de Nizan Guanaes, um dos publicitários mais influentes do país, com uma carreira marcada por grandes campanhas e prêmios internacionais.

Todos somos uma marca é uma obra completa, com nomes poderosos, que pensa em experiência de compra, consumo, humanização de negócios e olha para o papel da tecnologia nisso tudo. Aqui, você aprenderá sobre o que é um omniconsumidor, assim como as nuances da construção de marcas, da era da experiencialização, de ser omnichannel, da mídia descentralizada e de diversos outros temas que ajudarão você a levar o seu negócio a um novo patamar.

Esta é uma obra-prima para empresários, profissionais do marketing, publicitários e todos aqueles que estão interessados no assunto. Tenho certeza de que se tornará uma referência para quem busca se aventurar no mundo da construção de marcas poderosas, hoje e no futuro.

Aproveite!

ROSELY BOSCHINI
CEO E PUBLISHER DA EDITORA GENTE

Dedico este livro a todos os marketeiros do Brasil. Afinal de contas, um marketeiro de verdade, marketeiro mesmo, não engana as pessoas, ele as encanta. Chamar atenção, plantar interesse, criar vontade, gerar interação e entregar valor: essas são as missões que constroem uma marca.

Gostaria de expandir essa dedicatória às pessoas que empreendem; aos profissionais de publicidade e comunicação em geral, pois não basta ser criativo, é preciso entender de negócios, de números, de metodologias, de psicologia, de tecnologia e de novos canais para criar estratégias cada vez mais contextualizadas e assertivas para atrair o consumidor na jornada de marca. Esses profissionais têm se reinventado e merecem esse reconhecimento.

Dedico este livro também às pessoas que querem começar a empreender. Nestas páginas, vocês vão entender o novo momento do marketing e o que precisa ser feito para entrar de vez no jogo de reduzir o valor de aquisição e aumentar a recompra do seu cliente.

AGRADECIMENTOS

Quero começar agradecendo à minha esposa, Manuela Mendes, que esteve ao meu lado durante este projeto, me incentivando a dar o melhor de mim para que este livro fosse mais um marco na minha vida profissional. Também quero agradecer aos meus sócios e mentores, Bruno Nardon e Tallis Gomes, por me ensinarem tanto no dia a dia, e ao meu grande guru, Mariano Gomide de Farias, que é minha maior referência pessoal e profissional.

Nizan Guanaes, o que dizer desse mestre que me acompanhou nesta jornada? Obrigado por confiar em mim e por trazer sua perspectiva para o novo marketing.

Obrigado a Washington Olivetto, Roberto Justus, Fred Gelli e Sergio Valente por serem inspiração na minha carreira. Um abraço especial ao meu professor Benedito Catanhede pelas aulas da faculdade.

À Editora Gente, à Rosely Boschini e à Franciane Batagin Ribeiro por embarcarem nas minhas loucuras e me darem a oportunidade de expor as minhas ideias em mais um livro. Agradeço à Silvia Regina Sousa, que ajudou a colocar em palavras todo o meu conhecimento. Você é a melhor, Silvinha.

Aos amigos Paulo Orione, João Vitor Chaves e Katherine Dalçoquio da Silva que me ajudaram na curadoria de todo conteúdo do livro. Cada comentário, cada nova ideia e dados durante esse processo ajudaram demais a concretizar este novo trabalho.

Um agradecimento superespecial à minha madrinha, Sônia Maia Soares, que foi minha primeira investidora e sempre esteve ao meu lado na jornada.

Aos mais de 100 especialistas entrevistados que doaram seu tempo e conhecimento, muito obrigado. Vocês, leitores, vão conhecer nomes e ideias incríveis neste livro. Sigam essas pessoas nas redes sociais!

Ao time do G4, que sempre colabora tirando as ideias do papel e que as transforma em novos conteúdos e inovação para as estratégias. Da mesma maneira quero agradecer aos mais de 3,5 mil alunos a quem dei aula nesses últimos quatro anos no G4 Educação, e que me inspiram a tornar o aprendizado uma jornada de ideias, cases e provocações.

Aos lojistas da Loja Integrada com suas histórias incríveis. Como eu aprendo com vocês! Tenham certeza de que o conhecimento de cada um ajuda na minha evolução.

A todas as marcas que são minhas parceiras. Ao SuperCoffee e Bold que me dão energia para acelerar a rotina e às empresas de que sou sócio e estão sempre comigo: VTEX, Loja Integrada, CRM & Bônus, G4 Educação, Rupee e Trinta Dezessete.

E para terminar, a você, leitor e leitora, meu muito obrigado por acreditar em mim. Tamo junto sempre e BORA VENDER!

SUMÁRIO

PREFÁCIO DE NIZAN GUANAES

Alfredo Soares é uma força da natureza. Um evangelista de futuro e do novo marketing que mistura o omnichannel de performance e o performático. Ele é uma criatura omnichannel. Diziam que Santo Antônio de Lisboa tinha o dom de estar em dois lugares ao mesmo tempo, em Lisboa e em Pádua, Alfredo Soares vai além, ele não está apenas em dois lugares; está em todos! Está na VTEX, o unicórnio que ajudou a construir; na G4, outro colosso de educação que está construindo, um espaço de aprender, de se conectar, de networking e de reaprender. Além de também estar investindo com um olhar certeiro nas startups do futuro; ele palestra e faz networking por todo Brasil. E Alfredo ainda escreve um livro bom atrás do outro.

O cara está em todo lugar, inclusive no meu coração.

Com seu delicioso papo carioca, ele me seduziu com a sua conversa, com o seu talento, com a sua visão e com o seu entusiasmo. E entusiasmo é uma palavra grega que quer dizer Deus dentro de si.[1]

Este livro é uma leitura fundamental para quem precisa aprender ou para aqueles que, assim como eu, precisam reaprender ou desaprender: gente da minha idade, empresas tradicionais, empresas que precisam se transformar para não morrer, empresas que precisam aprender para continuarem na frente. Se você se reconheceu em alguma dessas situações, leia este livro, releia, compartilhe-o

---

1 *ENTUSIASMO. In: SIGNIFICADOS. Disponível em: https://www.significados.com.br/entusiasmo/. Acesso em: 22 maio 2023.*

com a sua empresa, espalhe-o para colaboradores e, de quando em quando, dê uma consultada nele sempre que necessário.

Há aqui, neste livro, novas verdades. Omnichannel é difícil de implantar, mas é um ponto fixo a se perseguir. O CAC no funil da performance é um fato. É o novo marketing, mas ele é ótimo para vender, para gerar conversão. Alfredo é esperto ao convidar diferentes pessoas para dividirem suas vivências, pessoas como ele e pessoas totalmente diferentes de nós. Alfredo Soares compreende que sabe muitas coisas, mas não sabe tudo. Quero ficar do lado dele, porque eu sei muito, mas muito do que eu sei já não existe mais, e é preciso que a gente vá reaprendendo, é preciso calçar a sandália da humildade.

Mas a nova geração também precisa calçar o sneaker da humildade e entender que, como sempre, a verdade está no meio:

» A televisão não morreu;
» A cada noite, a Globo tem a audiência de um Super Bowl, a final de futebol americano;
» A Fox News, nos últimos anos, foi um fator político de construção da polarização, e muito responsável pela invenção do Trump;
» Ao vermos séries, estamos assistindo à TV de uma outra maneira;
» O YouTube vai começar a veicular comerciais que não podem ser pulados;
» O podcast é o novo rádio;
» A rádio CBN pode ser assistida na Alexa, como usa a minha sogra;
» E o *out-of-home* é o digital na rua, e um poder tão grande que a Globo tem agora um braço digital da ferramenta.

A leitura deste livro é deliciosa, energética. Eu o li ouvindo a voz de Alfredo Soares.

Esta obra é como um pão que nos alimenta intelectualmente.

Por isso, aproveite a energia e reenergize as suas ideias nesta pilha de 500 volts que é o incrível Alfredo Soares, que deve ter escrito este livro enquanto fazia um voo entre Nova York e São Paulo.

NIZAN GUANAES

INTRODUÇÃO: O PAPEL DAS MARCAS NA SOCIEDADE

Criar uma grande campanha de marketing, circular uma propaganda de impacto no horário nobre da emissora de maior audiência, estrelando a atriz ou o ator mais badalado do momento. Antigamente, esse era o melhor modo de uma marca ganhar status e ser reconhecida pelo público. Mas as coisas mudaram, e esse já não é mais o único nem o melhor meio de se fazer publicidade. Com a popularização da internet, as marcas enxergaram outras maneiras de se posicionarem no mercado e, para isso, contam com um material variado e um alcance gigantesco: os próprios consumidores, ou seja, pessoas reais.

Para se ter ideia desse alcance, é só pensar nos influenciadores digitais. Alguns cresceram tanto que se tornaram a própria marca e hoje valem milhões. E não estou exagerando. A italiana Chiara Ferragni, que acumula mais de 29 milhões de seguidores no Instagram (no momento em que escrevo este livro), já manifestou a sua intenção de fazer IPO[2] dela mesma na Bolsa de Valores de Milão, na Itália. A ideia é ter uma oferta pública para monetizar seu estilo de vida.[3]

---

2 *IPO* (Initial Public Offering) *acontece quando uma empresa se torna uma companhia de capital aberto e suas ações são negociadas na Bolsa de Valores.*

3 *MARTUCCI, M. Influencer italiana Chiara Ferragni quer fazer IPO dela mesma.* **Exame.invest**, *15 out. 2020. Disponível em: https://invest.exame.com/me/influencer-italiana-chiara-ferragni-quer-fazer-ipo-dela-mesma. Acesso em: 30 maio 2023.*

E o que isso significa? Que mais do que ser uma pessoa que faz sucesso nas redes sociais, ela mesma se tornou uma marca. Por aqui também temos grandes exemplos de sucesso: Nati Vozza e Camila Coutinho. Em 2009, Nati começou compartilhando dicas de moda no blog *GLAM4YOU* e depois lançou a própria marca de roupas, a ByNV, que, em 2020, foi vendida para o grupo Soma, dono de marcas como Farm e Animale, por 210 milhões de reais.[4] Já a influenciadora Camila Coutinho extrapolou os limites dos blogs e hoje tem uma empresa de comunicação, parcerias com diferentes marcas e empresas de cosméticos.

Essas pessoas são verdadeiras máquinas de vendas para as marcas. Não há propaganda na TV que gere o mesmo resultado exponencial que esses influenciadores. Com trinta milhões de seguidores, a influencer Virginia Fonseca, mesmo longe da TV, vendeu, no mês de lançamento, cem mil unidades de um produto de skincare da marca da qual é sócia. Só nas primeiras quatro horas foram trinta mil vendas, o que equivale a 125 produtos por minuto.[5] A skatista Leticia Bufoni, única mulher do mundo que conquistou três medalhas de ouro nesse esporte em um único ano, criou uma linha de tênis em parceria com a Nike, e, antes mesmo do lançamento oficial, já tinham sido vendidos mais de 18 mil pares somente nos Estados Unidos.[6]

As marcas já entenderam esse novo contexto e buscam não só se aproximar desses grandes influencers como também de

---

4 *DO PRIMEIRO business plan ao faturamento de mais de R$ 150 milhões: como Nati Vozza fez da NV um case de sucesso.* **Vogue**, *16 jun. 2021. Disponível em: https://vogue.globo.com/Vogue-Negocios/noticia/2021/06/do-primeiro-business-plan-ao-faturamento-de-mais-de-r-150-milhoes-como-nati-vozza-fez-da-nv-um-case-de-sucesso.html. Acesso em: 30 maio 2023.*

5 *SIMONETTI, G. Virginia Fonseca e Samara Pink: "Vendemos R$ 10 milhões em séruns em apenas um mês".* **Forbes**, *30 nov. 2021. Disponível em: https://forbes.com.br/forbeslife/2021/11/virginia-fonseca-vendemos-r-10-milhoes-em-seruns-em-apenas-um-mes/. Acesso em: 30 maio 2023.*

6 *DOLIVEIRA, M. Leticia Bufoni vende 18 mil pares de tênis em parceria com a Nike.* **Exame**, *29 nov. 2021. Disponível em: https://exame.com/casual/leticia-bufoni-vende-18-mil-pares-de-tenis-em-parceria-com-nike/. Acesso em: 30 maio 2023.*

outros que não têm tantos milhões de seguidores, mas que podem representar muitos negócios para elas. O que importa é o alcance do influenciador dentro do espaço que a marca ocupa. Assim, se o mercado de uma cidade do interior quiser fazer uma ação de marketing com um influenciador, ele pode contratar o morador do local que tem muitos seguidores, sem precisar dos grandes veículos de comunicação. A influência acontece quando ele consegue cercar seu público com a mensagem correta. E ponto-final.

Não há propaganda na TV que gere o mesmo resultado exponencial que esses influenciadores.

O que começou com as grandes marcas e com influenciadores com milhões de seguidores deu voz a todas as pessoas. Essa é a grande verdade. Todo mundo pode postar um story no Instagram ou fazer um post e ter ali cem, mil indivíduos lendo a mensagem. Isso é exercer influência. Agora imagina para uma marca ter trinta clientes postando seus produtos, de maneira espontânea, e cada um ter o alcance de cem visualizações? Sem pagar nada, a marca alcançou três mil pessoas, pedindo apenas para fazer um post usando uma hashtag.

Isso democratiza o setor, pois qualquer um tem a oportunidade de divulgar a marca, mas também o torna mais competitivo, afinal, todo mundo tem voz. *Como* aproveitar esse cenário é que é o grande desafio.

Em uma realidade em que nós somos uma marca, como nos diferenciar? Como crescer em um mercado tão competitivo? É disso que falaremos aqui! Vou mostrar a empreendedores e profissionais de marketing as mudanças no comportamento do consumidor e na comunicação, bem como quais são os gatilhos mentais que chamam mais a atenção desses clientes e a

As marcas precisam estar próximas do cliente de uma maneira mais humanizada.

importância não só de oferecer um produto, mas de criar experiências. Imagine o Rock in Rio. Participar desse momento não é só assistir a shows de grandes bandas e cantores, mas vivenciar o clima que cerca o evento. É uma experiência de entretenimento. Todo mundo quer estar lá e toda marca também quer se fazer presente e aproveitar essa atmosfera.

As marcas precisam estar próximas do cliente de uma maneira mais humanizada. Já falei sobre isso em palestras e nos cursos que dou. Em alguns momentos, é melhor dar um bom-dia ao cliente do que mostrar as ofertas da semana. E mais: pensar na sua responsabilidade social. Durante a pandemia, quantas empresas se empenharam para doar álcool em gel e máscaras para a população? Em um artigo publicado no portal *Meio&Mensagem*, Eric Messa explica que a ideia das marcas ao realizarem tais ações não é se fingirem de boazinhas. Elas estão cientes de "que hoje o consumidor é mais crítico e tem as redes para expor sua opinião, as marcas precisam adotar estratégias de engajamento para ter seus consumidores como apoiadores da marca, e não como aquele que é explorado".[7] É o paradigma do negócio pensado para o cliente e o cliente como negócio.

Todos somos uma marca é o meu terceiro livro, e sou um apaixonado por comunicação. Há mais de dez anos venho falando com empreendedores sobre as transformações no setor de marketing e a importância dos clientes para as marcas. Na minha primeira obra publicada pela Editora Gente, *Bora vender*, contei a minha história e como construí autoridade na área de

---

7 *MESSA, E. O papel das marcas na vida das pessoas.* **Meio&Mensagem**, *27 jan. 2021. Disponível em: https://www.meioemensagem.com.br/home/opiniao/2021/01/27/o-papel-das-marcas-na-vida-das-pessoas.html. Acesso em: 30 maio 2023.*

vendas. Não foi fácil; passei muitos perrengues, mas consegui. Já no segundo livro, *Bora varejo*, peguei a minha maneira de pensar e levei para o varejo, falando sobre o e-commerce, um dos assuntos em que sou especialista, e a transformação digital que ajudou as empresas a enfrentarem a pandemia de covid-19, uma das maiores crises deste século.

Agora é o momento de abordar a nova maneira de construir uma marca, com o auxílio de toda a minha experiência ao criar a XTECH, o Exército Bora Vender e, mais recentemente, o G4 Educação. Este último começou com cursos de imersão com duração de dois dias, depois de três dias e, hoje, temos uma empresa de comunicação com mais de quinze programas focados no empreendedor. Deu origem, inclusive, a outros negócios, como produtos digitais, educação B2B para empresas, cursos *in company* e a criação do G4 Club. Isso só foi possível porque a marca se fortaleceu apoiando-se nas pessoas que participaram dos cursos.

Estamos vivendo, mais uma vez, um momento de transformação em que a construção de marcas acontece por meio de pessoas que se tornam canais de vendas, de conteúdo e de comunicação. É urgente aprender a lidar com esse novo cenário.

Então, vem comigo que eu vou mostrar como. Bora!

1.

CHEGOU A VEZ DO OMNICONSUMIDOR

Se você nasceu até a década de 1990, vai entender bem do que vou falar. Mas se nasceu depois disso, preste bastante atenção. Saber como era feita a divulgação de marcas no passado ajuda muito a compreender o momento que vivemos hoje. Sendo assim, preciso dizer que o mercado publicitário mudou muito nos últimos vinte anos. Inclusive arrisco dizer que mudou completamente. Até os anos 1990, para uma marca causar impacto, havia apenas um caminho: aparecer no intervalo comercial mais caro do canal televisivo de melhor audiência. Não havia outro meio: ou era aparecer no comercial da novela das oito – sim, hoje temos novela das nove, mas antes ela começava às 20 horas – ou no intervalo do *Jornal Nacional* ou do *Fantástico*. Me lembro bem que, quando comecei a fazer faculdade, o grande lance era aparecer nesses intervalos. Sim, nós aprendíamos essa estratégia. E mais: de preferência, com um garoto-propaganda bem famoso, como um cantor, uma cantora ou um ator ou uma atriz.

O espaço era tão privilegiado que algumas marcas até avisavam que fariam um lançamento no dia tal, no intervalo da novela tal. Pode parecer estranho, mas isso acontecia mesmo. A marca produzia um comercial para ser vinculado um dia antes, avisando que no dia seguinte haveria um lançamento especial. Ou seja, você fazia um comercial para avisar de outro comercial. E aí um efeito inacreditável acontecia: no horário marcado, milhares de brasileiros estavam sentados no sofá da sala, junto a seus familiares, na expectativa da novidade. Pasme, era bem assim.

Naquela época, a estratégia usada era a interrupção da programação para mostrar o produto ou serviço. O espectador não tinha a oportunidade de escolher entre ver o anúncio ou não. Claro que ele poderia mudar de canal, mas a programação também seria interrompida em algum momento para a entrada dos intervalos comerciais. Era a época da propaganda impositiva. Além disso, os espaços publicitários eram muito concorridos e caros. Isso fechava o mercado para pequenos anunciantes e permitia que somente grandes marcas pudessem veicular anúncios. Para você ter ideia, a maneira mais direta de falar com o consumidor era por meio de telemarketing. Existiam empresas especializadas em colocar pessoas para ficar ligando para uma base de clientes o dia todo para apresentar um novo produto, falar de vantagens e, em alguns casos, até fechar uma compra.

Mas a partir dos anos 2000, com a popularização da internet e a ascensão das redes sociais, essa relação impositiva mudou completamente. O consumidor começou a ter domínio sobre a programação e aprendeu que não precisava mais assistir ao que passava na TV, nem aguentar longos intervalos comerciais para ficar bem-informado ou para assistir a seu programa preferido de entretenimento. O conteúdo estava em toda parte.

Desde então, o consumidor passou a usar também as redes sociais, blogs de especialistas, podcasts e vídeos no YouTube para saber o que acontece no mundo. Assim, ver o anúncio passa a ser quase que opcional, afinal, sempre há a possibilidade de pulá-lo e seguir em frente. E mais: não é necessário estar em casa para ter acesso a isso. Está tudo na palma da sua mão, ou melhor, no seu celular. E não estou falando de poucas pessoas.

De acordo com a pesquisa TIC Domicílios de 2020, o Brasil tem 152 milhões de usuários de internet, o que representa 81% da população acima de 10 anos. Desse total, 99% acessa a rede de dados por meio do celular. E mais da metade (58%) usa a internet exclusivamente pelo aparelho móvel.[8] Esse acesso à

---

8 *MIGON, M. N. (org.).* **Resumo executivo: pesquisa TIC domicílios***: 2020. São Paulo: Ponto Br – Nic.Br, 2021. Disponível em: https://cetic.br/media/docs/publicacoes/2/20211124201505/resumo_executivo_tic_domicilios_2020.pdf. Acesso em: 4 jun. 2023.*

internet móvel mudou o modo como as pessoas consomem não só conteúdo, mas também bens de consumo. Ninguém mais precisa esperar o filme estrear na TV para assistir. As plataformas de streaming os colocam no ar quase simultaneamente com os cinemas. Ninguém mais precisa sair de casa para comprar. As lojas vendem pelo site, por aplicativo no celular, por WhatsApp, com entregas cada vez mais rápidas, otimizando a vida do consumidor.

Até quem prefere ir ao shopping ou a uma loja de rua para comprar roupa ou o aparelho de televisão com que tanto sonha, antes mesmo de sair de casa, já pesquisou, pelo celular, o modelo, as principais funcionalidades, o preço, o prazo de entrega, entre outras informações que lhe sejam relevantes. E esse contingente não é pequeno.

Dados do Google mostram que 76% das pessoas que procuram por um produto on-line acabam visitando a loja física em 24 horas, mas já sabem o que querem comprar e quanto vão pagar. Tanto que 28% acabam concluindo a compra.[9] Ou realizam o ciclo reverso: vão à loja ver o que querem adquirir e depois pesquisam o produto na internet para encontrar um preço mais barato.

O que esse comportamento revela é que o consumidor não quer mais perder tempo. Aliás, esse é um bem valioso demais para ser desperdiçado nos dias de hoje. Para Rafael Jakubowski, CMO do Energy Group, o novo consumidor quer comprar de marcas que agreguem algum valor e que entreguem o benefício de encurtar caminhos e gerar conveniência. "Muitas marcas estão remodelando a maneira de comprar ou assinar um serviço. E esse novo consumidor também quer ter mais liberdade", explica.[10]

Assim, as marcas têm o imenso desafio de prender a atenção desse novo consumidor sem que ele se sinta invadido ou acredite que está perdendo tempo ao ver aquele anúncio, e isso

---

9 *CONSUMER Insights.* **Think with Google**. *Disponível em: https://www.thinkwithgoogle.com/consumer-insights/consumer-trends/local-search-conversion-statistics/. Acesso em: 24 jan. 2022.*

10 *Rafael Jakubowski, CMO do Energy Group, em entrevista concedida ao autor em 29 de março de 2022.*

muda até a maneira como o consumidor compra. Ele não está mais interessado só em fazer uma troca de valor monetário pelo produto adquirido, mas, sim, em toda a experiência que aquela transação lhe trará.

Para quem duvida do que estou falando, é só pensar no serviço de internet banking, primeira inovação decorrente do acesso à internet. Até 1996, quando o serviço foi introduzido no Brasil,[11] ir até a uma agência era um compromisso obrigatório para a maioria das pessoas. Havia quem, inclusive, ia todos os dias. Mas a experiência não era nada agradável. Ficava-se horas na fila do caixa e ainda precisava lidar com burocracias, como preencher um formulário para fazer um depósito na conta de alguém ou sacar dinheiro. Era incômodo e causava uma péssima impressão nas pessoas. Imagina que para você saber o saldo da conta-corrente era preciso ir até a agência! Ninguém gostava de passar por isso.

Quando os serviços passaram para a internet, mesmo as agências somente oferecessem poucos serviços, como acesso ao saldo e pagamento de algumas contas no começo, a experiência de consumo havia mudado. Era o primeiro passo para o empoderamento do novo consumidor, que ganhava a liberdade de conseguir fazer as operações financeiras que desejasse de qualquer lugar do mundo. Hoje, a necessidade de ir ao banco é quase nula. Nem mesmo para abrir uma conta-corrente!

O sucesso dos aplicativos de serviços, como de entrega de comida, de transporte, de namoro, entre tantos outros, é a maior prova dessa necessidade de otimizar o tempo. Até mesmo as reuniões de trabalho não precisam mais ser feitas presencialmente, o que economiza um imenso tempo de deslocamento. Prova disso é que a plataforma de videoconferência Zoom cresceu trinta vezes em menos de dois anos no Brasil,[12] impulsionada

---

11 *DINIZ, E. H.* **10 anos de internet banking**: *desvendando o processo de incorporação de tecnologia em um banco brasileiro através de uma abordagem sociotécnica. Rio de Janeiro: Fundação Getúlio Vargas, 2006. P. 28. Disponível em: https://bibliotecadigital.fgv.br/dspace/bitstream/handle/10438/13387/10%20Anos%20de%20Internet%20Banking.pdf?sequence=2&isAllowed=y. Acesso em: 10 jan. 2022.*

12 *AMÉRICO, J. "Aumentamos em 30 vezes o número de usuários no país",*

O consumidor quer comprar de marcas interessantes, não interesseiras.

@alfredosoares

Os hábitos de como e onde se conectam mudaram radicalmente.

pela pandemia de covid-19. Aliada a isso está a tecnologia, que possibilita que toda a transformação digital e, consequentemente, a otimização do tempo se concretizem.

Mas as mudanças não param e vão além do tempo. O empreendedor Rapha Avellar, CEO da Adventures, ainda acredita em outro fator fundamental que marca o comportamento desse novo consumidor: a conexão.[13] Para ele, o ser humano tem a predisposição e a necessidade de buscar comunidade com aqueles que acreditam nas mesmas coisas que ele. E, no caso do consumidor digital, tudo está conectado pela internet em escala, sendo as redes sociais os grandes canais conectores da população global.

Os hábitos de como e onde se conectam mudaram radicalmente. Antes, formavam-se círculos de amizade com pessoas que estavam próximas, como quem morava na mesma rua ou estudava na mesma escola. Hoje, isso se ampliou, e os indivíduos fazem amizades por afinidade. “Grandes exemplos desse comportamento são quando, em vez de preferir descer para o pátio e brincar com quem está próximo, por praticidade, as crianças entram no Discord, na Twitch, ou em um jogo on-line, e ali encontram amigos que se conectam e curtem as mesmas coisas, ou seja, participam de grupos por meio das afinidades”, diz Rapha Avellar.

Para ele, a necessidade de se agrupar em comunidades, inclusive, é um impulso para a construção de marcas. “Quando alguém compra um produto da Kylie Cosmetics, da influencer Kylie

---

diz executivo-chefe da Zoom no Brasil. **Você S/A**, *13 jan. 2022. Disponível em: https://vocesa.abril.com.br/economia/aumentamos-em-30-vezes-o-numero--de-usuarios-no-pais-diz-executivo-chefe-da-zoom-no-brasil/. Acesso em: 30 maio 2023.*

13 *Rapha Avellar, em entrevista ao autor em 13 de dezembro de 2021.*

Jenner, que possui 380 milhões de seguidores no Instagram,[14] não está só adquirindo um item, mas sim o poder de fazer parte da comunidade das Kardashian, o que é extremamente atrativo. Algo parecido acontece com a marca de cosméticos brasileira Sallve. Você não compra apenas um hidratante, mas está se unindo aos mesmos princípios em que você e aquela marca acreditam, por meio de linhas sustentáveis, ou no fato de ela coconstruir os mesmos princípios entre marca e comunidade. Isso vale para a Fazenda Futuro. Quando consumimos seus produtos, estamos fazendo parte de uma comunidade que luta para cuidar e salvar o planeta, por exemplo."

OMNICONSUMIDOR

Portanto, é esta junção de tempo + conexão + internet + tecnologia que molda o consumidor atual. Com maior acesso à internet, ele está nas redes sociais, no site, no aplicativo e em todos os outros meios que permitem que ele se informe antes da decisão de compra e somente depois realize a transação. É o que eu chamo de omniconsumidor. Ele é conectado, consciente (quer mais desfrutar do que ter) e sustentável (se preocupa com o impacto de suas ações).

Se antes o desafio das marcas era estar no intervalo comercial da novela das oito, hoje elas não precisam mais disso, mas esbarram em outro problema: prender a atenção desse omniconsumidor, que é bombardeado a todo momento com informação ilimitada. Uma pesquisa realizada em 2015 mostrou que o tempo médio de atenção de uma pessoa é de 8 segundos. No mesmo estudo realizado no ano 2000, esse tempo era de 12 segundos.[15]

Então, em um tempo tão curto, quem é que consegue prender a atenção do consumidor? Eu aposto que é aquela marca que sai do comum e se diferencia para criar desejo nessas pessoas. Nesse

---

14 *Número apurado em 13 de março de 2023. (N.E.)*

15 *SUZUKI, A. Hoje, o tempo de atenção de um humano é menor que o de um peixinho-dourado.* **Tecmundo**, *19 maio 2015. Disponível em: https://www.tecmundo.com.br/comportamento/80090-tempo-atencao-humano-menor-o-de-um-peixinho-dourado.htm. Acesso em: 10 jan. 2022.*

quesito, o papel dos influenciadores digitais se destaca. Um post nas redes sociais e, pronto, o alerta de desejo já foi dado. Tanto que hoje esses profissionais são supervalorizados e se tornaram, inclusive, uma marca própria.

Ainda há outros recursos, como a produção de conteúdo diferenciado, o uso das tecnologias para criar anúncios que serão mostrados para as pessoas certas, isto é, para públicos específicos, no momento correto e da maneira correta, e a produção de outros modos de reter essa atenção como algo rápido (olha a questão do tempo aparecendo novamente), uma experiência boa em loja, entre outras.

Uma das vantagens dessa infinidade de modelos publicitários é a democratização do mercado. Se antes era impensável para o supermercado do bairro fazer uma propaganda na TV ou até mesmo comprar um espaço publicitário no jornal local, agora ele pode ter uma conta no Instagram, não gastar nada com isso, e começar a mostrar seus produtos e serviços. Com dedicação, a conta cresce em pouco tempo. Ele pode conseguir quinze mil seguidores, o que parece ser pouco, mas se atingir esse número entre as pessoas da região em que atua, seu trabalho já terá um retorno extraordinário. Ele também pode contratar um influenciador que atue diretamente na sua localidade e, pronto, o engajamento já muda. O que eu quero dizer é que, mesmo sem grandes orçamentos, é possível fazer propaganda do seu negócio.

Ainda há o engajamento orgânico, aquele em que, por livre iniciativa, os consumidores falam da sua loja nas redes sociais. Essas pessoas são importantíssimas para os negócios. Um post marcando a localização da sua loja, stories mostrando o seu serviço ou o seu produto, uma avaliação, uma indicação... é o tipo de panfletagem digital que ajuda o negócio a crescer. Mesmo que apenas cinquenta pessoas vejam o post. Imagine esse número multiplicado pelo número de clientes que entram no seu estabelecimento todos os dias. Pronto! A sua publicidade está garantida.

Essa presença orgânica é tão forte que as marcas já estão de olho neste omniconsumidor e traçam estratégias para conquistá-lo, presenteando-o com seus produtos ou com experiências incríveis de compra. Ou seja, elas nem precisam fazer uma "publi" ou contratar um grande influenciador, embora essa seja uma estratégia interessante, que o burburinho já está feito.

Nesse quesito, compartilho a opinião de Rapha Avellar. Ele diz que a influência no mundo moderno se dá 99% no que os indivíduos dizem e 1% no que a marca fala de si mesma. Para ele, é fundamental que as marcas que querem montar estratégias em cima de novos consumidores entendam que vale muito mais o que a internet fala e repercute sobre elas, e as conversas autênticas que são geradas a partir daí, do que a sua própria comunicação. "Ao entender isso, estratégias superinteressantes podem ser criadas. Por exemplo, o uso em massa de microinfluenciadores[16] para falar do seu produto e montar bons programas de lealdade e fidelidade, fazendo com que seus melhores clientes se sintam, de fato, parte da empresa e falem sobre ela. E mais um ótimo exemplo é a ação do Nubank, que convidou todos os seus clientes para serem sócios da companhia,[17] já que eles entenderam que a marca e o sucesso da comunicação estão muito mais atrelados a transformar quarenta milhões de pessoas em advogados da marca que falam bem da empresa, do que ela mesma puxando uma propaganda em um canal de TV aberta. E outra sacada extremamente importante que quero deixar registrada aqui é a estratégia de trazer grandes celebridades que tenham um bom alcance, para serem sócias da sua empresa ou fazer parte dos projetos dela, compreendendo a distância a que

Uma das vantagens dessa infinidade de modelos de mídia é a democratização do mercado.

---

16 *Por microinfluenciadores entende-se aqueles influenciadores que têm entre dez mil e cem mil seguidores. (N. E.)*

17 *NUSÓCIOS: queremos que você seja dono de um pedaço do Nubank.* **Nubank**, *1º nov. 2021. Disponível em: https://blog.nubank.com.br/nu-socios-pedacinho-do-nubank/. Acesso em: 30 maio 2023.*

essa pessoa pode levar a sua marca e as informações que ela pode colher por meio da troca com a comunidade. Com isso, fica claro que, não só hoje como no futuro, as marcas vão precisar entender que CPFs são muito mais importantes que CNPJs. São eles que constroem a sua marca e fazem com que ela seja potência não só no Brasil, mas, quem sabe, no mundo", explica Rapha Avellar.[18] Afinal, o famoso boca a boca, seja ele por meio de conhecidos ou pelas reviews, ainda conta muito.

Como você pode ver, a geração de consumidores digitais é um ativo muito importante para qualquer empresa. É preciso chamar a atenção e tê-los ao seu lado, como verdadeiros parceiros. Como construir, entretanto, a sua marca tendo esses consumidores ao seu lado? Como o consumidor pode ser um agente de divulgação do seu produto? É sobre essas respostas que falaremos ao longo deste livro. Siga comigo que ainda temos muito a conversar.

---

18 *Rapha Avellar em entrevista ao autor em 13 de dezembro de 2021.*

O boca a boca está sempre acontecendo, nunca foi tão fácil encontrar opiniões das pessoas.

@alfredosoares

2.
A ERA DA EXPERIENCIALIZAÇÃO

Se estamos vivendo a era do omniconsumidor, não há por que as marcas não seguirem o mesmo caminho e entrarem de vez na era omnichannel. O termo ganhou mais projeção durante a pandemia de covid-19, um período em que o comércio precisou se ajustar rapidamente para ter outros pontos de contato com o consumidor, já que as lojas precisaram ficar meses de portas fechadas. Assim, as vendas passaram a ser pelo site, pelo Instagram, pelo WhatsApp e até mesmo pelo telefone. O importante era ter muitos canais abertos para agilizar as vendas. Apesar de o termo ter se popularizado com esse entendimento, ser omnichannel não significa apenas vender em diferentes frentes, mas, sim, ter o off-line e o on-line unificados e conhecer profundamente o seu consumidor.

Essa visão holística do consumidor determina toda a estratégia de vendas, pois já não basta saber o que ele quer comprar ou qual produto tem mais saída; é preciso conhecer todos os pontos da jornada de consumo, para, baseado em dados, criar ações mais assertivas e que se convertam em vendas. Isso vem muito de um conceito em que acredito, de que as vendas não são apenas o resultado monetário, mas o processo em que se entende o comportamento humano.

Para funcionar adequadamente, o omnichannel caminha ao lado do phygital. O termo provém da junção de *physical* (físico, em inglês) com digital, e remete ao uso da tecnologia nos negócios para unir o off-line e o on-line e proporcionar uma experiência positiva para o cliente, permitindo o ganho de performance. Resumindo: o omnichannel trabalha a convergência dos canais físicos e digitais das marcas para unificar a operação e a experiência do cliente. Já o phygital incorpora a tecnologia às experiências que antes só poderiam ser presenciais, aumentando ainda mais a satisfação do cliente.[19]

Assim, a jornada omnichannel e phygital dá ao cliente várias possibilidades de compra, entrega e retirada do produto adquirido e até diferentes modalidades de pagamento. Ele pode comprar no ponto físico e pagar de maneira virtual (o PIX ajudou demais esse processo), podem comprar no on-line e retirar na loja física, comprar no on-line e coletar em um ponto de recolha ou retirada (*pick up point*) instalado em um posto de combustível, por exemplo, que tem horário de funcionamento estendido. Pode trocar o produto comprado pela internet em qualquer loja (deixando aquela burocracia de precisar ir até uma agência dos Correios para devolver o produto e esperar dias até a troca ser autorizada), pode ainda visitar a loja só para conhecer a peça, mas fazer a compra on-line e receber em casa. Quem já entrou em uma loja da AMARO no shopping viu de perto essa estratégia em ação? Enfim, com a conectividade, as empresas ganham inúmeras maneiras de oferecer mais serviços e praticidade ao cliente.

Uma das primeiras experiências que mostraram essa convergência entre o físico e o digital foi a inauguração, em 2018, da primeira loja Amazon Go, em Seattle, nos Estados Unidos, na qual os clientes entram usando o aplicativo da empresa instalado no celular[20], colocam os produtos no carrinho e saem. Não há filas nem caixas para pagamento.

Portanto, a importância de integrar o físico e o digital não é algo tão recente nem uma demanda nova dos clientes do varejo. Em 2015, um estudo comandado pela consultoria MindTree constatou que 70% dos consumidores do Reino Unido e 60% dos consu-

---

19 *VAREJO Phygital: A evolução da experiência do consumidor.* **Dito blog**. *Disponível em: https://blog.dito.com.br/varejo-phygital-experiencia-consumidor/. Acesso em: 25 fev. 2022.*

20 *WINGFIELD, N. Inside Amazon Go, a Store of the Future.* **The new york times**, *21 jan. 2018. Disponível em: https://www.nytimes.com/2018/01/21/technology/inside-amazon-go-a-store-of-the-future.html. Acesso em 07 jun. 2023.*

midores dos Estados Unidos já tinham esse perfil.[21] Naquela época, a consultoria já levantava essa questão e a necessidade de as empresas se prepararem para a omnicanalidade, que, até então, era uma tendência para os anos seguintes.

Porém, o futuro chegou rápido. O fechamento necessário dos pontos físicos em 2020, ocasionado pela pandemia de Covid-19, acelerou o processo que estava sendo implementado ainda como teste ou com passos bastante tímidos. Esse poder de dar ao cliente a escolha de comprar onde quiser e quando quiser se tornou uma valiosa ferramenta para o varejo.

Uma das marcas que já estavam trilhando esse caminho era a C&A, que, mesmo assim, precisou pisar fundo no acelerador para colocar em ação projetos que caminhavam lentamente. O cliente da rede, além do tradicional comprar on-line e receber em casa (com entregas que podem acontecer em duas horas), pode adquirir seus produtos pelo site ou WhatsApp, retirar pelo drive-thru ou em loja e fazer a troca na própria loja. A rede ainda implementou o chamado corredor infinito. Nesse caso, o vendedor pode fazer a compra digital de um produto que o cliente, que foi à loja física, não encontrou na prateleira. "Colocamos no aplicativo o estoque do site e alinhamos com a experiência de atendimento da loja física", explica Ciro Neto, diretor de Desenvolvimento & Expansão da C&A Brasil.[22] O cliente ainda tem a possibilidade de retirar esse produto na loja ou recebê-lo em casa. Mais phygital impossível.

Dessa maneira, o consumidor não tem o atrito de não realizar a compra por falta de estoque naquela loja. E mais: a rede implementou um cartão para pagamento digital próprio, o C&A Pay. Para Ciro Neto, esse caminho da omnicanalidade é sem volta, e as marcas precisam se preparar para isso.

A junção do on-line + físico, porém, não acontece apenas quando há um canal de venda para o cliente. Essa é uma alternativa que faz sentido para alguns tipos de negócio. Contudo, para outros,

---

21 *UK SHOPPERS more 'phy-gital' than those in the US.* **ResearchLive**, *12 jan. 2015. Disponível em: https://www.research-live.com/amp-page.html?id=4012745&name=uk-shoppers-more-phygital-than-those-in-the--us. Acesso em: 28 abr. 2023.*

22 *Ciro Neto em entrevista ao autor em 23 de fevereiro de 2022.*

pode não ser uma boa estratégia ou pode não ser o momento ideal para aquele empreendedor. Lembra-se de que falei que as vendas não são mais apenas uma transação monetária?

Pensando assim, o consultor Carlos Ferreirinha, da MCF Consultoria, acredita que as marcas precisam existir – de alguma maneira – no on-line. Se dentro da sua estratégia ou do seu segmento a melhor maneira de existir é por meio de um site de vendas, ok. Mas há alternativas. Isso significa ter um bom site, ter um perfil bem trabalhado no Instagram ou em qualquer outro canal de comunicação e informações digital. Isso também é ser phygital. "A existência do on-line não tem ligação com a nossa vontade de estar lá. Não existem mais *Páginas Amarelas*.[23] Não existe mais cartão de visitas. Então essa existência no on-line é se tornar um canal de comunicação, como no passado, quando tínhamos as *Páginas Amarelas* para descobrir telefones e endereços ou as revistas para se informar. O on-line assume o papel de canal principal de comunicação de uma marca", explica Carlos Ferreirinha.[24]

EXPERIÊNCIA DO CLIENTE

Um dos objetivos da jornada on/off é trabalhar a experiência do cliente, ou seja, a superação das expectativas. Sempre é bom lembrar que esse novo consumidor é mais exigente e empoderado. Antes mesmo de entrar em uma loja para comprar ou quando decide por uma compra em um espaço físico, por exemplo, ele já pesquisou muito sobre o produto. Portanto, o que ele espera não é só preço, mas toda uma experiência que o encante. Ele quer algo a mais. Olha só a importância deste assunto: 80% dos consumidores são mais propensos a fazer negócios com empresas que oferecem experiências personalizadas.[25]

Quando pensa em uma marca que vende pelo on-line e em loja física, quer uma experiência de compra unificada que englobe as

---

23 Páginas Amarelas *era um catálogo distribuído anualmente com todos os endereços e telefones dos assinantes de uma empresa de telefonia. (N.E.)*

24 *Carlos Ferreirinha em entrevista ao autor em 24 de fevereiro de 2022.*

25 *THE FUTURE of sales and marketing is here: February 2022.* **BCG**. *Disponível em: https://media-publications.bcg.com/BCG-Executive-Perspectives-2022-Future-of-Marketing-and-Sales.pdf. Acesso em: 26 abr. 2022.*

potencialidades do mundo digital com a tangibilidade de uma experiência física. Ou seja, ele não quer perder minutos esperando o site carregar em um buffering infinito, assim como não quer ficar esperando o vendedor procurar um produto no estoque bagunçado da loja. Outra questão: ele quer comprar no site, mas quer também ter a sensação de ser acolhido e bem-atendido quando tiver uma dúvida e necessitar das respostas rapidamente. Portanto, não se trata de ter um ponto comercial, mas, sim, de achar uma maneira de estar conectado com a loja. Aquela coisa de ser recebido com um cafezinho ou com um sofá confortável enquanto espera para finalizar uma compra. Entendeu?

Sempre é bom lembrar que esse novo consumidor é mais exigente e empoderado.

Dennis Wang, ex-CEO da Easy Taxi e ex-VP da Nubank, é especialista em *customer experience* (CX)[26], experiência do consumidor, em português, e dá um exemplo que ilustra bem essa questão.[27] Ele diz que grande parte das pessoas aderiu à facilidade de pedir a pizza de sábado à noite pelo aplicativo, sem precisar ligar para a pizzaria e falar com o atendente, repetir seu endereço pela enésima vez, escolher a forma de pagamento e assim por diante. Mas quando a pizza chega fria, por exemplo, as pessoas não querem reclamar pelo aplicativo e ser respondidas por um robô. Elas querem falar com alguém de verdade, nem que seja pelo chat, mas precisam sentir que alguém está empenhado em encontrar uma solução. É justamente essa a tangibilidade do físico para o digital.

Além disso, a concorrência atualmente é muito grande. Ninguém é rei absoluto em algum segmento, porque os processos industriais acabaram equiparando muito os produtos. Carlos Ferreirinha

---

26 *Customer experience (CX) é a percepção e sentimento do cliente em relação a uma marca durante toda a sua jornada e até mesmo antes de ele se tornar cliente.*

27 *Dennis Wang em entrevista ao autor em 4 de abril de 2022.*

O caminho é falar direto com o coração do consumidor.

explica que após a Segunda Guerra Mundial, entre os anos 1940 e 1950, a ideia de crescimento mercadológico era expandir e se diferenciar no mercado pela qualidade dos produtos. Agora, isso não existe mais. "Hoje, a qualidade é muito parecida. Então as marcas precisam competir por algo a mais. A competitividade precisa ganhar outras nuances. O caminho é falar direto com o coração do consumidor, estimulando-o com motivações que não sejam racionais, não sejam tangíveis, tornando a emoção uma protagonista. A experiência entra aí. Não há como competir de maneira adequada e diferenciada se parte dessa competitividade não passar pelo estímulo das experiências."

Assim, oferecer maneiras inovadoras de surpreender positivamente o cliente em relação à marca é muito importante. "A experiência se tornou um ativo importante para fidelizar os consumidores. É por meio dela que a marca fisga, de verdade, o seu cliente. É uma obrigação das marcas já", explica Renan Coelho, CEO do Grupo Fábrica, que há quase uma década trabalha esse conceito.[28] Então, quando a C&A oferece a oportunidade de o cliente comprar em loja um produto que não tem no estoque e receber em casa ou quando dá ao cliente a oportunidade de comprar pelo WhatsApp e receber o produto em até duas horas, está mostrando que se importa com ele e quer que o seu sentimento em relação à marca seja o melhor possível.

O mesmo acontece quando o cliente da Reserva é recepcionado com uma cerveja ou quando a Oficina, uma das marcas do grupo AR&Co, o mesmo da Reserva, cria uma loja que tem barbearia junto com um bar em parceria com a Johnnie Walker e um ateliê de costura para ajuste de peças de graça para clientes da marca, ou uma loja sem caixa, em que todos os pagamentos são feitos por meio de smartphones com os próprios vendedores.

Dá para trabalhar a experiência do cliente até mesmo em setores mais conservadores, como o financeiro. Vinicius Motta Campos,

---

28 *Renan Coelho em entrevista ao autor em 5 de abril de 2022.*

Não foque a concorrência, garanta a experiência.

@alfredosoares

fundador e CEO da Minha Casa Financiada,[29] empresa de crédito financiado para construção, estudou o mercado antes de abrir a sua empresa e percebeu uma brecha. Ele viu que as pessoas que queriam construir uma casa não eram atendidas do começo ao fim da jornada pela mesma empresa.

Elas precisavam de um banco para o financiamento, um corretor de imóveis para achar o terreno, um arquiteto para fazer o projeto da construção e uma empreiteira para realizar a obra. O que ele queria era oferecer uma experiência para o cliente, e não apenas emprestar o dinheiro para realizar o sonho de uma casa nova.

Criou, então, um processo on-line em que o cliente faz a simulação do empréstimo e da planta do projeto. Depois recebe um orçamento também on-line. Fechando o negócio, o trabalho dele é escolher o terreno (caso ainda não tenha) e os detalhes da decoração. Pronto! Agora é só aguardar as chaves do imóvel. No modelo tradicional, esse percurso levaria cerca de oito meses para ser percorrido. Vinícius o encurtou para doze dias. O que ele faz não é só uma venda ou a concessão de crédito financiado, mas oferecer uma experiência precisa de ponta a ponta para o cliente dele.

Como você viu, a experiência não precisa envolver apenas uma compra. O importante é sempre trabalhar a percepção e o sentimento em relação ao produto. Pode ser uma experiência sensorial, uma experiência em um evento, em um show, em um atendimento por telefone ou em qualquer outra experiência surpreendente. É o lounge da companhia aérea em que o passageiro pode descansar enquanto espera o voo, é a marca de roupa que manda uma malinha para a sua casa para que você experimente o que quer comprar sem pressa, é o aroma de erva-cidreira da loja de eletrônicos, a loja física que oferece água fresca enquanto a pessoa escolhe a roupa que quer comprar. Ou quem sabe até levar uma parte de seus clientes para uma viagem inesquecível.

Olha só o que a XP fez no Super Bowl Miami, em 2020, e no Super Bowl Los Angeles, em 2022. Se você não sabe, o Super Bowl é o jogo que marca a final do campeonato de futebol americano. O evento, por si só, já é um show. Os ingressos, caríssimos, são disputados com meses de antecedência mesmo sem que os finalistas estejam defini-

---

29 *Vinicius Motta Campos em entrevista ao autor em 21 de março de 2022.*

dos. Ciente dessa exclusividade, a XP criou uma experiência única para grandes clientes. Eles foram levados para os Estados Unidos para assistir à final e ainda participar de uma série de eventos. Entre eles, uma festa com o DJ Vintage Culture e presença de celebridades, como a modelo internacional Alessandra Ambrósio.

O importante é sempre trabalhar a percepção e o sentimento em relação ao produto.

"Queríamos proporcionar a esses grandes clientes uma experiência única para eles se sentirem prestigiados. Quando criamos esse tipo de experiência, conseguimos nos conectar com o cliente e criar uma proximidade que, em outros contextos, não seria possível", explica Pedro Mesquita, diretor do banco de investimentos da XP.[30] A XP investiu na viagem e na experiência para seus clientes, postando tudo em suas redes sociais, o que despertou o desejo dos seus amigos e seguidores, que, por consequência, desejaram também ser clientes XP.

Segundo Ricardo Natale, CEO do Experience Club,[31] neste marketing de experiência, a marca cria um momento único e surpreendente para que clientes atuais e também os potenciais se lembrem dela e associem aquilo que viveram a algo muito marcante.

Esse tipo de marketing surgiu no início dos anos 2000 na Europa e nos Estados Unidos com o *brand experience*, quando as marcas começaram a criar ambientes de experiências nas lojas físicas para que seus clientes pudessem viver momentos inesquecíveis. Uma das pioneiras foi a Nike com as Nike Stores, nos Estados Unidos. As lojas, gigantes, contavam com ambientação diferente (só para ter uma ideia, na loja inaugurada no SoHo, em Nova York, até a luz dos provadores poderia ser modificada para simular ambientes como uma sala de ginástica ou uma corrida noturna, por

---

30 *Pedro Mesquita, diretor do banco de investimentos da XP, em entrevista ao autor em 12 de abril de 2022.*

31 *Ricardo Natale em entrevista ao autor em 23 de fevereiro de 2022.*

exemplo),[32] oferta grande de produtos, entrega personalizada nos hotéis e espaços dedicados aos esportes em que os clientes poderiam provar os produtos enquanto praticavam a atividade. O que ela queria não era apenas que o cliente comprasse, mas que saísse de lá com uma experiência que contemplasse toda a sua jornada.

Essa estratégia 360º é a mesma que o grupo UMAUMA coloca em ação no restaurante Fazenda Churrascada, em São Paulo. Originário do evento Churrascada, que acontecia todos os anos e reunia mais de cinquenta chefs de cozinha, o restaurante tem o mesmo clima de churrasco entre amigos de quando o evento era itinerante. E Bruno Dias,[33] cofundador do grupo UMAUMA, agência que organiza a Churrascada, conta:

> Mas a nossa ideia não era só ter um restaurante de carne, tinha que ser mais, tinha que ser incrível. Então desenhamos uma estratégia 360º que contempla toda a jornada do consumidor. Primeiro que a Fazenda Churrascada é instalada em um casarão em estilo colonial que já surpreende quem chega. É uma fazenda dentro da cidade de São Paulo. Ao entrar, o cliente encontra uma sala de espera grande, confortável, com visão da área principal e que permite que ele já entre no clima. Caminhando para a sua mesa, ele passa pela lojinha da Churrascada, por uma estação de carregamento de celulares, e, na área principal, encontra uma *parrilla* instagramável, um espaço defumador de alimentos, uma sorveteria, um açougue premium, uma taberna e salões para eventos privativos, shows de música ao vivo e ainda uma área kids gigante com tirolesa e brinquedos infláveis. É uma experiência diferente da de um restaurante normal.

Dessa maneira, o marketing sai da caixa "quero apenas mostrar a minha marca" para entrar na caixa "quero me tornar inesquecível", ou afirma como Rafael Liporace,[34] da Agência

---

32 *NAVAJAS, L. Nike e Adidas trazem novo sentido às lojas conceito.* **Novarejo**, *16 dez. 2016. Disponível em: https://www.consumidormoderno.com.br/2016/12/16/nike-adidas-novo-sentido-lojas-conceito/. Acesso em: 30 maio 2023.*

33 *Bruno Dias em entrevista ao autor em 22 de março de 2022.*

34 *Rafael Liporace em entrevista ao autor em 23 de março de 2022.*

A VERA e um dos responsáveis pelo Tardezinha, show com clima informal de roda de pagode com o cantor Thiaguinho e convidados que começou no Rio de Janeiro e depois rodou o país: "Ele deixa saudade".

É justamente essa sensação que as pessoas que foram a alguma edição do Tardezinha têm. Elas sentem saudades, porque não era apenas um show, mas uma experiência completa. "O Tardezinha tinha um palco central, em 360 graus, pequeno e com, no máximo, um metro de altura, o que deixava o clima mais intimista. Também não havia área VIP ou camarote. As pessoas, realmente, se sentiam em uma roda de amigos", conta Liporace. Além disso, o show tinha cerca de quatro horas de duração. Quem ia a uma edição do Tardezinha não queria apenas assistir a um show, mas curtir o momento. O sucesso foi tanto que a experiência virou marca de roupa em parceria com a Reserva, CD, DVD, documentário e até decoração de festa de aniversário. "Fizemos o simples, entendemos que as pessoas queriam ouvir no domingo um pagode bacana cantado pelo maior artista desse segmento no país, levar amigos e curtir de igual para igual com todos os que estavam lá. Elas saíam do evento prontas para começar a semana mais felizes", ensina Liporace.

Fica claro, portanto, que a experiência precisa mexer com o sentimento das pessoas. O Tardezinha, por exemplo, transmitia sensação de leveza, alegria e simplicidade. Mas há outras maneiras de causar essa mesma sensação. Segundo Ricardo Natale, é possível mexer com o sentimento ao unir um grupo de pessoas para um passeio de balão, por exemplo, proporcionando um momento para que façam networking. Em uma ocasião como essa, a marca está dando a oportunidade de que todos se aproximem, pois estão ali juntos, vivendo um momento único, o que gera uma sensação agradável e uma lembrança da marca que organizou o evento. Ele dá outros exemplos. "Podemos organizar um almoço e servir um vinho ou um champanhe e trazer o produtor para explicar sobre as suas produções. Essa surpresa cria um elo entre as pessoas que estão vivendo aquele momento", diz.

Outra questão importante: a experiência não precisa ser direcionada apenas a quem já é seu cliente, mas também a quem ainda não é. "Uma marca vai ter muita chance de converter uma pessoa em nova cliente se gerar uma lembrança marcante e positiva", explica Ricardo Natale. Nesse caso, o objetivo é se tornar presente na mente do outro. Vou lhe dar um exemplo. Há pouco mais de dez anos, acontecia em várias cidades do Brasil um festival de música chamado Coca-Cola Vibezone. A intenção da marca era vender mais refrigerante no local? Não! O que ela queria era impactar aquela galera que ia assistir aos shows e se tornar inesquecível, associando-se a um momento de felicidade. Confesso que eu fui quando tinha 15 anos, e até hoje me lembro! O que é isso? A tal da saudade sobre a qual o Rafael Liporace fala.

EXPERIÊNCIA É INVESTIMENTO

O importante é que essa boa experiência aconteça em toda a jornada do cliente com a marca – desde antes de se tornar um cliente, passando pela jornada como cliente e depois que a venda acontece. Não adianta oferecer a água fresca se, no fim da compra, o cliente não for bem atendido pelo caixa, por exemplo. Não adianta a companhia aérea oferecer o lounge mais luxuoso do aeroporto se no portão de embarque o cliente tem que enfrentar uma fila gigantesca e desorganizada para entrar na aeronave. Ou, depois de já acomodado, descobrir que a sua televisão de bordo não está funcionando. Ou a marca colocar uma roda-gigante sensacional no festival de música e as pessoas enfrentarem filas infinitas para usar o brinquedo ou ele quebrar no meio do evento e ninguém mais conseguir usá-lo. Ou a empresa criar uma noite exclusiva de degustação de vinhos e descobrir na hora que o cliente não gosta dessa bebida. Nesse caso, a experiência não deu o resultado esperado e, então, se torna um custo. Ou seja, você gastou para ter algo, mas aquilo não teve o retorno previsto.

"Atualmente, toda marca fala que oferece uma experiência para o cliente. Então para se destacar e o valor investido valer a pena tem que tocar o cliente, entregar a mais do que ele estava imaginando. Não dá para oferecer o básico e achar que está acertando o caminho", ensina Bruno Dias. Para evitar esse tipo de problema, a empresa tem que entender o cliente para superar as expectativas. De que maneira? Mapeando os hábitos e preferências tanto dos clientes atuais quanto dos potenciais: detalhes de sua vida pessoal (estado civil, se tem filhos, que esporte pratica, time de futebol para o qual torce, bebidas preferidas, entre outros) e de sua vida profissional (tempo de trabalho, número de pessoas lideradas, premiações etc.). São esses dados que servirão como base para a criação da experiência.

Quando isso acontece, a experiência passa a ser um *investimento* para a marca. Tecnicamente, essa empresa terá clientes mais satisfeitos, com NPS alto. Para entender, o NPS (*Net Promoter Score*) é uma métrica em que, por meio de notas, seus clientes dizem o quanto estão satisfeitos, insatisfeitos ou indiferentes em relação à sua marca, a um produto específico ou a um serviço oferecido.

Ao percorrer de maneira positiva toda essa jornada de que falei, a tendência é que seu NPS aumente. A partir daí, espera-se uma reação em cadeia. NPS maior, aumenta o Life Time Value (LTV), que é o tempo que esse cliente permanece na empresa, comprando seus produtos ou indicando-os para outras pessoas, e diminui o Custo de Aquisição de Cliente (CAC).

Portanto, ao ser realizada da maneira correta, a experiência se torna uma fonte para atrair clientes e aumentar a receita. Mas, para isso, o cliente precisa estar no centro das atenções. Vamos entender um pouco mais desse conceito.

CULTURA CENTRADA NO CLIENTE

Ao criar uma experiência, seja ela de compra, de viagens, sensorial etc., o que as marcas fazem é olhar quem está na ponta de todo esse processo – o cliente – e colocá-lo no centro das atenções. É o chamado *customer centric* (centrado no cliente, em português), estratégia de negócios em que o cliente se torna o grande astro do espetáculo, direcionando as decisões da empresa.

Uma marca que investe em *customer centric* centraliza o planejamento estratégico na experiência e sucesso do cliente e, consequentemente, na sua fidelização. Dessa maneira, tudo é feito considerando as necessidades, expectativas e características do público-alvo, para que sejam oferecidas as melhores soluções dentro do que ele precisa e espera da marca.[35]

---

35 *O QUE é Customer centric? Entenda sua importância e saiba como implantar.* **Zendesk**, *24 abr. 2023. Disponível em: https://www.zendesk.com.br/blog/customer-centric/. Acesso em: 28 abr. 2023.*

Segundo Luiz Antunes, diretor sênior de Solutions Consulting da Zendesk para a América Latina, as empresas, anos atrás, desenvolviam produtos de dentro para fora: primeiro o conceito era trabalhado por uma equipe de serviço e só depois da ideia totalmente desenvolvida é que se entregava essa solução pronta para o cliente. Mas, com a concorrência e com a mudança do comportamento do consumidor, as marcas tiveram que mudar esse pensamento e colocar as preferências do cliente no centro das atenções: "O bem mais importante de uma empresa é o cliente. Se eu não desenvolvo produtos para atendê-lo, se não cuido dele, ele vai procurar quem o atenda. Há muitos concorrentes do lado de fora".[36]

Da mesma maneira que uma boa experiência é um investimento, quando a marca coloca o cliente no centro das decisões também está trazendo vantagens para o negócio, como um volume maior na próxima compra e menor custo de aquisição de cliente. Isso não é pouca coisa. Você já calculou quanto custa adquirir um novo cliente? E o valor que decorre dos clientes que desistem da sua marca? Isso é um ônus muito grande para qualquer empresa. Por outro lado, quando o cliente se sente bem cuidado, o aumento de recompra, o ticket médio e o número de vezes que ele recomenda o seu produto ou serviço aumentam exponencialmente. Ele vira um promotor da sua marca!

Sei que você deve estar se perguntando: "Se o caminho é colocar o cliente no centro, como eu vou fazer isso?". A resposta já foi dada: conhecendo-o. E a tecnologia é uma aliada nesse jogo. Todos os clientes deixam pegadas digitais que dão dicas do que eles gostam, como se comportam, quais são as suas dores, quais são os seus desafios, seus desejos e suas vontades. Ao consolidar essas informações, é possível saber até mesmo a maneira como o cliente gosta de ser abordado e em que horário essa abordagem tem mais chance de sucesso.

A Zendesk usa a experiência obtida pelas empresas às quais atende para aprimorar ainda mais os softwares de suporte ao consumidor. "Cada cliente é um aprendizado; assim, aumentamos a nossa biblioteca de informações e vamos criando novos recursos que acertam a necessidade dos consumidores", explica Luiz Antunes.

---

36 *Luiz Antunes em entrevista ao autor em 3 de março de 2022.*

A experiência deve estar presente em cada etapa da jornada, inclusive antes do seu cliente pagar.

@alfredosoares

Em conjunto com os recursos tecnológicos, é preciso investir em uma equipe – de desenvolvimento de produtos, de atendimento, de vendas – atenta para analisar essas informações e aprimorar os processos para que o cliente seja, realmente, privilegiado. Uma das marcas que trabalham apostando nessa junção é a Reserva. "Temos uma ótima proximidade entre marca e cliente. Isso faz com que as experiências criadas sejam muito mais assertivas. As ações são sempre medidas pelas lojas e pelo digital, e a marca conta com um termômetro muito apurado que é o faro do vendedor, o grande ativo de atendimento da marca", explica Felipe Siqueira, cofundador da Oficina.[37]

Quando isso acontece, até mesmo a sua equipe fica mais satisfeita, pois sente que seu trabalho tem mais significado. De acordo com uma pesquisa realizada pela SurveyMonkey em 2018 com mais de mil trabalhadores, 74% deles consideraram seus empregos que são voltados para o *customer centric* como significativos. Por outro lado, entre as pessoas que trabalham em locais sem essa cultura, apenas 56% tinham essa mesma opinião sobre as duas funções. Além disso, 83% das pessoas que trabalham em locais que priorizam a satisfação do cliente têm certeza de que permanecerão na empresa nos próximos dois anos. Já a porcentagem de funcionários que pretende ficar nos próximos dois anos em empresas que não têm essa visão cai para 56%.[38]

Como frisou Felipe Siqueira, o vendedor é um ativo importantíssimo. Você pode ter o CRM[39] mais moderno do mundo, aquele que consegue rastrear até a cor das meias com que seu cliente dorme, mas se o atendimento inicial, aquele feito por um humano, não for feito de maneira satisfatória, você causará uma péssima impressão ao consumidor. Portanto, não dá para contar com a tecnolo-

---

37 *Felipe Siqueira em entrevista ao autor em 23 de março de 2022.*

38 *LANDON, B.; GEBHARDT, J. How a customer centric culture ties to happier employees.* **SurveyMonkey**. *Disponível em: https://www.surveymonkey.com/resources/report-customer-centric-culture-happier-employees/. Acesso em: 4 abr. 2022.*

39 *CRM (Customer Relationship Management – Gestão de Relacionamento com o Cliente, em português) é uma plataforma ou software que faz todo o gerenciamento e análise das interações entre cliente e empresa e a captação de novos clientes. (N.E.)*

gia como a solução de seus problemas, mas, sim, como o meio para personalizar a jornada do cliente e praticar, de verdade, o *customer centric*.

O objetivo é sempre colocar seu cliente em movimento.

Ao unir estas duas pontas, tecnologia + atendimento humanizado, a empresa acerta no alvo; seu cliente se sente prestigiado, o que acaba se tornando um diferencial competitivo. Felipe Siqueira dá a dica: "Sempre pensamos em ser os *first movers*[40] do mercado. Enquanto marcas estão copiando outras, nós estamos olhando para o que importa: o cliente. Ele vê essa diferença de longe, daí vira um diferencial competitivo".

O objetivo, então, é sempre colocar seu cliente no jogo. É ele quem decide de quais canais vai comprar, como quer receber o produto, de quais experiências gostaria de participar. Como você viu, ele é parte das decisões da sua empresa e tem papel importante também na estratégia da construção da marca. E vou abordar esse assunto no próximo capítulo. Continue comigo nesta jornada, ainda temos muito o que conversar.

---

40 First movers *são as empresas que lideram movimentos de inovação no mercado. (N.E.)*

3. ESTRATÉGIAS PARA A CONSTRUÇÃO DE MARCAS

No mundo do marketing é muito comum ouvir falar de construção de marcas. Apesar de ser um assunto muito debatido, ainda vejo pessoas confundindo *construir* uma marcar com *ter* uma marca, ou seja, pensam que um nome e um produto são suficientes para entrar nesse jogo. Mas a história é bem mais longa. Construção de marca ou *branding* (como você também vai ouvir falar por aí) é todo o processo que envolve a criação e manutenção de uma marca. Já *brand* é a marca. Para deixar esse assunto mais claro, vou recorrer ao especialista em *branding* Junior Neves, *head* da Staage, uma das maiores escolas de marketing digital do Brasil. Ele faz uma comparação bem interessante:

> Brand é marca, algo que tem memória e significado. Sabe quando você se machuca e acaba com uma cicatriz no seu corpo? Isso é uma marca que está no seu corpo. Ela não é só uma cicatriz, pois ali tem memória e significado. Tem mais informações naquele pequeno risco que está sobre a sua pele do que em muitos filmes de Hollywood. Você pode nem se lembrar do que comeu ontem no almoço, mas quando olha aquela cicatriz lembra exatamente de tudo o que rolou naquele dia, pois ficou marcado na sua pele e na sua mente. Essa cicatriz é o brand. É uma marca cheia de elementos criados por uma empresa que fica na mente das pessoas. O branding é a construção e a organização de elementos que geram essas memórias e significados. Imagina que você está em uma construção de um prédio. Não há como seguir em frente sem os materiais de construção.

> O brand, então, seria o tijolo, a areia, o cimento... porém, sozinhos, eles não criam nada. O branding pega esses materiais e os organiza, fazendo com que todas as pessoas entendam que aquilo é um prédio. Você não vê o que está por trás dele, mas no que ele se formou. Logo, quando olha para um logo ou para as cores de um produto, a marca não é nada do que você vê na sua frente, mas tudo que você vê na sua mente.[41]

Para criar essa visão na sua mente, a construção de marca deve seguir uma série de etapas. Junior Neves as divide em cinco e cada uma tem as suas subdivisões, vou apresentar rapidamente cada uma delas. Caso se interesse pelo assunto, sugiro que se aprofunde, pois há livros bem interessantes que tratam do tema, e o próprio Junior Neves cria conteúdos muito valiosos sobre construção de marca no seu perfil no Instagram (@jrdasneves). Vamos lá:

1. HISTÓRIA

» História da causa: é o motivo, a circunstância que levou ao nascimento da empresa ou produto.
» História da criação: a história da criação da marca.
» Storytelling: são as jornadas, a trilha em que coloco a história da minha marca de uma maneira única e específica.

2. DISCURSO

» Tom de voz: como a marca se expressa.
» Mapa da empatia: é o mapa com o coração da minha audiência.
» Slogan: é uma frase que define a essência da marca.
» Lei dos grandes números: é a conversão de números para mostrar os melhores resultados.
» Mantra: frase que ativa ou, em alguns casos, desativa uma crença.

3. PERSONAGENS

» Arquétipos: trilhas psíquicas que moldam comportamentos.
» Liderança: conjunto de ações que são realizadas por pessoas líderes.

---

41 *Junior Neves em entrevista ao autor em 10 de março de 2022.*

» Padrinhos 3D: são pessoas ou empresas a que a marca se associa para resolver as dores da audiência e, consequentemente, ganhar mais autoridade.
» Tribo: o grupo que se sente pertencente à marca.
» Inimigos: são os problemas que seu produto quer combater.

4. SEGREDOS

» Sete pecados: são trilhas comportamentais da marca que fazem a audiência desejar se aproximar do produto ou serviço.
» Lado infantil: comunicação da marca que desencadeia na audiência sentimentos como amor, curiosidade, diversão, pertencimento, entre outros, e faz com que as pessoas tenham vontade de estar mais perto do produto ou serviço.
» Tempero: são atitudes únicas da marca; a maneira exclusiva de conversar com a audiência.
» Código de cultura: leis internas da marca.
» Ritual: rotinas da marca que as outras pessoas começam a imitar, como uma gíria nova a ser usada ou uma maneira diferente de se comunicar. O importante é que tenham um significado e que remetam à marca.
» Mistério: são histórias que a marca cria de maneira intencional para gerar curiosidade nas pessoas: a história da fórmula da Coca-Cola, por exemplo.
» Experiências sensoriais: estratégias que a marca entrega para gerar uma experiência em cada um dos cinco sentidos – tato, paladar, visão, audição, olfato.

5. SIGNOS

» *Naming*: é a criação do nome da marca.
» Identidade visual: estratégia de transportar a marca para algo visual, como cores.
» Elementos de associação: elementos que são utilizados e associados à marca de maneira estratégica, para que a audiência, ao se deparar com algo desse tipo, lembre-se do produto ou serviço.
» Símbolos: linguagens não verbais que comunicam algo para a audiência.
» Trilhas sonoras: áudios que trazem a marca à memória.

Mas por que investir em branding? Porque você pode até ter um produto foda, pronto para ser colocado no mercado, mas se não souber trabalhar o branding, as chances de alcançar o sucesso que tanto imaginou, e que todo empreendedor quer, talvez demorem mais para acontecer ou, pior ainda, pode ser que isso nunca aconteça.

"O que fazemos no branding é um mergulho profundo na história da marca e da empresa e na sua razão de existir, na sua vocação original, na natureza dessa companhia e de olhar para a frente e ver como o mundo se relaciona com o que ela tem a oferecer. Isso tem que ser relevante para ser valorizado", ensina Fred Gelli, especialista em branding e CEO da Tátil Design.[42] Para ele, esse é um processo que tem que ser avaliado periodicamente. "Com o passar do tempo, as marcas vão acumulando questões, algumas escolhas que faziam sentido em uma época caem em desuso e vão arrastando correntes que se tornam um peso extra. Elas precisam entender o que têm para oferecer ao mundo, pois ao se posicionarem com toda a sua potência, com as suas competências essenciais, têm mais chance de serem bem-sucedidas", diz Gelli.

Quando isso acontece, seus clientes se apaixonam pela marca, e você atrai verdadeiros fãs que estarão ao seu lado por muito tempo, nutrindo uma relação quase íntima. Isso quer dizer que eles vão comprar mais? Pode ser que não. Mas o tempo de vida deles ao seu lado será maior. É o tal do LTV de que falamos no capítulo anterior. Os fãs ainda podem funcionar como promotores da marca, influenciando outras pessoas a comprarem e também nutrirem esse mesmo desejo, essa mesma paixão pelo produto, gerando uma cadeia de influência que só trará benefícios aos seus negócios.

É isso que mostra a força da construção de marca. Tanto que empresas fortes, como o Airbnb, direcionam a maior parte dos seus gastos em marketing para o branding. A ideia é depender cada vez menos dos mecanismos de buscas, que levam as pessoas para a plataforma, e se posicionar como uma marca presente na cabeça do consumidor. O CEO do Airbnb, Brian Chesky, declarou que a empresa olha para o marketing como um educador,

---

42 *Fred Gelli em entrevista ao autor em 3 de março de 2022.*

e não como um meio para comprar clientes.[43] Não dá mais para pensar só na venda simples e pura. É preciso pensar em todo o ecossistema.

O que fazemos no branding é um mergulho profundo na história da marca e da empresa e na sua razão de existir.

As empresas estão reescrevendo seu manual de construção de marcas. Só de conhecer as etapas do Junior Neves que citei anteriormente, você já tem ideia do quanto esse assunto evoluiu para se adaptar ao comportamento do novo consumidor. Em um passado não muito distante, a construção de marca dependia quase que exclusivamente dos canais de TV (abordamos esse assunto no capítulo 1), que ditavam a maneira de falar com a audiência. Não havia segmentação, e a mensagem chegava para todos no mesmo formato. Não importava se quem assistia era uma criança ou um senhor de 60 anos; se era uma mulher ou um homem.

Agora, constrói-se marcas das diferentes maneiras até para o mesmo produto. Para isso, usa-se linguagem apropriada, no meio de comunicação adequado, atingindo diretamente a sua audiência. Você consegue construir a marca associando-se a uma personalidade, como os influencers, por meio de conteúdo publicado nas redes sociais, escolhendo embaixadores para a sua marca, colocando o próprio CEO para falar diretamente com a audiência, mandando e-mails curtos e calorosos para a sua base de clientes, usando as experiências. Dá para ativar uma marca dentro de jogos, eventos, podcast, marketplace etc.

---

43 *JEFFERSON, M. Airbnb CFO: we were right to shift spend from performance to brand-building.* **Marketing Week**, *16 fev. 2022. Disponível em: https://www.marketingweek.com/airbnb-cfo-performance-brand/. Acesso em: 4 jun. 2023.*

Vou citar alguns exemplos para deixar mais tangível o que estou falando. A Cimed tem como um dos seus "rostos" o próprio João Adibe, CEO da empresa, que mostra, por meio das redes sociais, sua vida pessoal, mas também muito da sua vida profissional e o dia a dia da empresa. Marcos Mion é embaixador da TIM[44] e também do Itaú.[45] A cantora Anitta virou personagem no jogo *Free Fire*, o mais baixado do mundo em 2021, com direito até a lançamento de uma música exclusiva como tema da campanha.[46] Ela também virou sócia da Fazenda Futuro, empresa do ramo de alimentação especialista em *plant-based*.[47] "Acreditamos que é importante nos relacionar com quem já usa a marca, como foi o caso da Anitta", me contou Marcos Leta, fundador da Fazenda Futuro.[48]

Eu pergunto: o que você acha que essas personalidades trazem para as marcas que representam? Fortalecimento da marca, diferenciação, oportunidade de falar com públicos diferentes, autoridade. Aquela antiga ideia do garoto-propaganda que só colocava o rostinho bonitinho ao lado da embalagem não existe mais.

Apesar de tanta inovação e maneiras novas de falar com a audiência, eu observo que, na ânsia de colocar a marca em

---

44 *MARCOS Mion estreia como novo embaixador da TIM.* **Meio & Mensagem**, *25 abr. 2022. Disponível em: https://www.meioemensagem.com.br/marketing/marcos-mion-estreia-como-novo-embaixador-da-tim#:~:text=O%20apresentador%20Marcos%20Mion%20estreou,ocorrida%20em%20fevereiro%20deste%20ano. Acesso em: 4 jun. 2023.*

45 *EHRLICH, M. Itaú anuncia que Marcos Mion será seu novo embaixador.* **Janela Publicitária**, *abr. 2022. Disponível em: https://www.janela.com.br/2022/04/12/itau-anuncia-que-marcos-mion-sera-seu-novo-embaixador/. Acesso em: 4 jun. 2023.*

46 *COSTA, T. S. Free Fire anuncia parceria com a cantora Anitta!* **Tecmundo**, *7 maio 2022. Disponível em: https://www.tecmundo.com.br/voxel/238186-free-fire-anuncia-parceria-cantora-anitta.htm. Acesso em: 26 maio 2022.*

47 *HUERTAS, C. Por que a Anitta virou sócia da Fazenda Futuro?* **Meio & Mensagem**, *26 maio 2022. Disponível em: https://www.meioemensagem.com.br/home/marketing/2022/05/26/por-que-a-anitta-virou-socia-da-fazenda-futuro.html. Acesso em: 4 jun. 2023.*

48 *Marcos Leta em entrevista ao autor em 18 de julho de 2022.*

Encantar não
é inventar
moda, é alinhar
interesse e gerir
a expectativa do
seu cliente.

@alfredosoares

campo para vender mais, ainda há muitos empreendedores, e até mesmo profissionais de marketing, que cometem erros que atrapalham a estratégia de marca. Quando isso acontece, é comum surgirem questões como: por que não vendo mais? Por que meu concorrente consegue decolar, mas eu não?

Minha missão é ajudar você a descobrir esses gargalos na sua operação. Por isso, reuni os principais pontos que devem ser trabalhados na construção da sua marca. Faça anotações se necessário e observe se eles estão presentes na sua estratégia.

CONHEÇA SEUS CLIENTES

Quero que me responda com a máxima sinceridade: você conhece o seu cliente? Sabe dos seus gostos, desejos e dores? Se precisar, pense por uns minutos antes de prosseguir.

E aí, qual foi a sua resposta? Eu não consigo adivinhar o que respondeu, mas creio que seja sim. É que essa é a resposta mais comum quando faço as mesmas perguntas nas palestras que dou pelo Brasil. E minha reação é dizer que os empreendedores se enganam, pois acham que conhecem seus clientes simplesmente por terem dados demográficos, como idade, gênero, local em que vivem, faixa salarial. Com essas informações, você descobre o seu público-alvo ou *Ideal Customer Profile* (ICP), que é uma parte da população para a qual você quer vender seu produto, ou seja, aquela que é mais lucrativa para a sua empresa.

Mas é possível ir mais a fundo nessa análise e descobrir também a sua persona, que é a representação em detalhes desse público-ideal. Na persona, você descreve um personagem que consome o seu produto e que é baseado no público-alvo. Nela também inclui comportamento, hábitos, gostos pessoais, desejos, interesses e dores dele. Vamos a um exemplo:

» Público-alvo: homens, solteiros, moradores da cidade de São Paulo, idade entre 25 e 35 anos, média salarial de 5 mil reais.
» Persona: Fernando, 28 anos, morador do bairro de Pinheiros (SP), publicitário, noivo da Jéssica, gosta de música e de viajar. Aos fins de semana, corre no parque e tem o hábito de chamar os amigos para sua casa e preparar um jantar

para eles. Ama doces e chocolates, mas está tentando melhorar a alimentação e, por isso, procurou uma nutricionista para orientá-lo.

Na persona, você descreve um personagem que consome o seu produto e que é baseado no público-alvo.

Repare que, apesar de falar da mesma pessoa, são descrições totalmente diferentes. Se for preciso, crie mais personas e, com o tempo, vá fazendo ajustes finos nesse perfil. Para encontrar essas informações, é necessário estudar o mercado em que está inserido, as principais dores do público, o que ele deseja dentro desse segmento, e só então será possível encontrar a sua persona. Você também pode mapeá-la, usando a série histórica de seus clientes mais rentáveis. Sugiro que extraia os 20% que possuem maior LTV e encontre quais são as correlações entre eles, que pode ser por região geográfica, gênero, média salarial, média de idade, maiores desafios, maiores desejos etc. Se seu cliente for corporativo, dá para procurar as correlações analisando segmento de mercado, tamanho médio da empresa, CAC, canais de prospecção. Esses são alguns exemplos. O importante é procurar características que tenham alguma ligação com o produto que está sendo oferecido.

Outra maneira de entender o cliente é usando a metodologia conhecida como *Jobs To Be Done*. Nela, o foco principal está na necessidade do cliente. Ou seja, você não busca mais conhecê-lo pelo que ele quer comprar, e sim pelo que ele quer resolver. O ponto de partida dessa metodologia é identificar os fatores que motivam os clientes a procurarem determinado produto e/ou serviço e como a sua marca pode ajudar a resolver tais necessidades.

Com essa segmentação, você consegue criar as soluções que atendam às expectativas dos clientes, aumentando as chances de sucesso. Esse conceito foi popularizado por Clayton Christensen,

O grande desafio das marcas atualmente é falar do mesmo produto de maneiras diferentes e para pessoas diferentes.

que, em 2005, escreveu, com a colaboração de Scott Cook e Taddy Hall, um artigo para a *Harvard Business Review*,[49] propondo que as empresas olhem para seus produtos sob o ponto de vista dos clientes para entenderem que eles só precisam resolver algumas coisas em sua vida. Assim, as marcas têm a chance de conhecer não só os gostos e a localização do seu cliente, mas, ao mesmo tempo, criar um produto que atenda às suas necessidades.

Antes que você pergunte se precisa mesmo saber sobre tudo isso, eu já respondo: sim. "Vivemos uma era em que há uma variedade muito grande de opções de compra de um mesmo produto e uma falta de fidelidade dos clientes. Ele é volátil, quer sempre um estímulo novo, então troca de marca muito rapidamente. Se você conhece quem é seu cliente fiel, consegue mantê-lo na empresa e evita troca frequente da clientela, o que prejudica seu lucro", explica Dener Lippert,[50] CEO da V4 Company e autor do livro *Cientista do marketing digital*.

Além disso, o grande desafio das marcas atualmente é falar do mesmo produto de maneiras diferentes e para pessoas diferentes. E são as personas que ajudarão a criar esse diálogo. "Quando vende, você quer se comunicar e saber com quem está se comunicando para passar a mensagem ideal no canal certo, tudo da melhor maneira possível. Saber quem é o seu público-alvo e sua persona

---

49 *CHRISTENSEN, C. M.; COOK, S.; HALL, T. Marketing malpractice: the cause and the cure.* **Harvard Business Review**, *dez. 2005. Disponível em: https://hbr.org/2005/12/marketing-malpractice-the-cause-and-the-cure. Acesso em: 27 mar 2023.*

50 *Dener Lippert em entrevista ao autor em 24 de fevereiro de 2022.*

ajuda a fazer toda essa modelagem da sua mensagem. Você cria uma identificação com ela, se conecta, transmite confiança e gera *rapport*.[51] Pense que você quer vender algo em São Paulo, pois sua persona vive aqui. Então, escolhe os canais que atingem esse público, usa uma linguagem apropriada e assim por diante. Se quiser vender no Nordeste, com certeza terá que adequar a comunicação a outra linguagem, tom de voz diferente, gírias, cores, escolher os canais de comunicação mais usados pela população", explica João Vitor Chaves, COO e CPTO do Educação.[52]

O produto pode até ser o mesmo, mas a comunicação será outra. Da mesma maneira que se for vender para um público jovem, poderá divulgar seu produto nas redes sociais, como Instagram e TikTok, usando emojis, dancinhas, memes e palavras abreviadas. Porém, se o seu público for formado por executivos, por exemplo, não convém usar essa comunicação. Talvez o melhor caminho seja escolher o LinkedIn, adotar uma linguagem mais formal e, em vez de um post, por exemplo, preferir um artigo ou um texto mais informativo. É uma questão de adequação ao público-alvo e à persona.

E mais: essa descrição detalhada pode definir até características do produto que será lançado ou ajudar a reposicionar o seu produto no mercado, já que é possível descobrir no meio do processo, por exemplo, que criou um produto para mulheres com mais de 30 anos, mas que as adolescentes o adoraram. Ou que mirou no público masculino, mas foi o feminino que se encantou com o seu produto e/ou serviço. Acredite: isso pode acontecer. E mais: essas informações são essenciais para colocar o cliente no centro (lembra-se?) e criar experiências memoráveis.

Quanto mais você conhece o seu cliente, maiores são as chances de se aproximar dele e criar uma conexão forte, pois o branding acontece quando você alinha os interesses e as expectativas da audiência à sua marca. E quem tem uma aula para dar sobre esse assunto são as marcas nativas digitais. Como diz o mestre Nizan Guanaes: nesse quesito, elas nadam de braçadas.

---

51 Rapport *significa criar uma ligação de empatia com esse cliente, tirando possíveis resistências entre as duas partes. (N.E.)*

52 *João Victor Chaves em entrevista ao autor em 10 de fevereiro de 2022.*

MARCAS NATIVAS DIGITAIS

As *Digitally Native Vertical Brands* (DNVBs, ou marcas nativas digitais) são "marcas que nascem no digital e que crescem de maneira vertical.[53] Na maioria das vezes, com poucos produtos e alta escala em investimentos de marketing", segundo o empreendedor Robson Galvão, fundador da Gummy Hair, também uma DNVB.[54]

Essas marcas controlam o seu produto desde o chão de fábrica até chegar à mão do cliente. Com isso, encurtam a cadeia do varejo, tendo, inclusive, uma margem de lucro maior, pois as vendas não precisam passar por varejistas, distribuidores ou marketplaces, permitindo um modelo de negócio mais escalável e sustentável se comparado ao de marcas tradicionais. Segundo Robson Galvão, ainda há outras vantagens: "Os custos são baixos, não é preciso criar muitos produtos, mas eles precisam ser bons e resolverem dores reais. Você pode até terceirizar a logística do e-commerce, a fabricação do seu produto e a plataforma de vendas, a única coisa que não pode terceirizar é o marketing, que é o centro de tudo". Por causa dessa maneira digital de atuar, os produtos oriundos de DNVBs conseguem ter um preço de venda mais atrativo para o consumidor do que aqueles provenientes da indústria tradicional.

O termo foi criado nos Estados Unidos por Andy Dunn, fundador da marca de moda masculina Bonobos, em 2007,[55] mas por aqui se popularizou e várias marcas surgiram na onda desse conceito, como a própria Gummy Hair, Desinchá, Zissou, Yuool, Live Up, Caffeine Army, Pantys, entre outras. O Brasil tem um apelo a mais para essas marcas, já que os brasileiros se acostumaram a usar o celular e estão sempre conectados às redes sociais, o que garante um mercado gigantesco para elas.

---

53 *Venda vertical é aquela em que a indústria vende diretamente para o seu consumidor final, sem intermediários na cadeia. (N.E.)*

54 *Robson Galvão em entrevista ao autor em 26 de março de 2022.*

55 *PEZZOTTI, R. Por que marcas nativas digitais estão na moda e se multiplicam no Brasil?* **UOL Economia**, *30 ago. 2021. Disponível em: https://economia.uol.com.br/noticias/redacao/2021/08/30/o-que-sao-dnvbs-por-que-marcas-nativas-digitais-estao-na-moda.htm. Acesso em: 4 jun. 2023.*

O que as marcas nativas digitais querem é sempre entregar a melhor experiência.

Mas tem um fator que coloca as DNVBs à frente e sobre o qual você precisa saber: elas conhecem em profundidade a sua audiência e conversam com ela o tempo todo, praticamente em tempo real, criando uma relação mais próxima e humanizada. Isso, além de conquistar o cliente, traz oportunidades de negócio.

"Nossos clientes ajudam muito no desenvolvimento de novos produtos, pois temos esse contato direto com eles por meio do nosso e-commerce. Assim podemos conversar e aprender muito com a nossa comunidade", explica Gabriel Ferreira, fundador da Bold Snacks.[56] Aliás, esse contato permitiu inclusive que a marca fizesse um rebranding anos atrás. Saiu de cena a Bold Nutrition e surgiu a Bold Snacks, marca de barras de proteína saborosas, com jeito de sobremesa saudável, e com uma comunicação bem descontraída e colorida.

Essa mudança foi possível observando e ouvindo os consumidores. Quer mais? Um dos pontos explorados pela marca é o fato de colocar a barrinha no micro-ondas e comê-la quentinha. A ideia não surgiu de nenhuma mente do marketing da Bold, mas, sim, por meio de uma cliente, e foi muito bem aproveitada pela marca. Isso só aconteceu porque a Bold está o tempo todo em contato e diálogo com os consumidores.

A proximidade das DNVBs com os clientes também ajuda a perceber quando algo não vai bem no produto, no serviço ou até na sua comunicação. Isso é detectado para solucionar a questão de maneira rápida antes que gere atrito ou prejuízo. "Você consegue dialogar e perceber o que os consumidores estão comprando e o que estão querendo. Em uma marca tradicional, quando o cliente faz uma reclamação ou uma observação a respeito de um produto, ela dificilmente chega ao fabricante. Em uma DNVB, se alguém

---

56 *Gabriel Ferreira em entrevista ao autor em 19 de agosto de 2022.*

tem um problema ou uma queixa, a mensagem chega rapidamente para a marca", explica Arthur Blaj, fundador da LIVO (primeira DNVB brasileira fundada em 2011) e da Além.[57]

A busca pela satisfação do cliente na experiência é obsessiva. O que as marcas nativas digitais querem é sempre entregar a melhor experiência, desde a compra até o envio do produto, para que o cliente se sinta reconhecido e prestigiado.

Dessa maneira, também conseguem criar estratégias de marketing que buscam ainda mais os clientes, como as parcerias com grandes estrelas, sejam celebridades, sejam influenciadores. "Isso acontece porque é muito positivo para ambos os lados. As DNVBs já entenderam o poder dos dados e, por isso, não perdem nenhuma chance de coletar cada vez mais informações sobre esses consumidores. E, para encurtar esse caminho, as nativas digitais perceberam que é uma grande sacada explorar a estratégia de investir em celebridades. Isso porque estas têm um canal direto com as suas comunidades e são capazes de colher uma enorme quantidade de informações com pesquisas simples. Além disso, nas nativas digitais, esses criadores de conteúdo têm o poder de influenciar a escolha de um produto ou serviço. Já as celebridades contam com uma imensidão de fãs que gostariam de se sentir mais próximos do artista, e as DNVBs proporcionam isso de modo genuíno e assertivo", explica Rapha Avellar, CEO da Adventures, empresa por trás de marcas como Auê Sienna, também uma DNVB, em parceria com a atriz e cantora Sienna Belle.[58] Há ótimos cases como a Fenty Beauty, da cantora Rihanna, que já vale mais de 2 bilhões de dólares.[59] A marca tem quase sessenta tons diferentes de base e é um exemplo bem claro de como as DNVBs, de fato, ouvem o consumidor.

Também há os influenciadores que criam a sua própria marca. A empresária Julia Petit criou a marca de cosméticos Sallve, carregando consigo a sua audiência e o seu know-how do mercado digital.

---

57 *Arthur Blaj em entrevista ao autor em 16 de março de 2022.*

58 *Rapha Avellar em entrevista ao autor em 24 de fevereiro de 2022.*

59 *BERG, M. Fenty's Fortune: Rihanna is now officially a billionaire.* **Forbes**, *4 ago. 2021. Disponível em: https://www.forbes.com/sites/maddieberg/2021/08/04/fentys-fortune-rihanna-is-now-officially-a-billionaire/?sh=e9d635f7c96b. Acesso em: 4 jun. 2023.*

A marca realiza pesquisas enormes com toda a sua comunidade e conhece pessoalmente alguns membros. Segundo Rapha Avellar, a marca tem encontros periódicos com essas pessoas para conhecê-las melhor e entender em que é preciso melhorar, tanto nos produtos como na marca em si.

Quem fez história nesse sentido foi a influencer Virginia Fonseca. Sua marca We Pink é um fenômeno desde o seu lançamento, em 2021, e chegou a faturar 1 milhão de reais em apenas nove horas de vendas do seu principal produto, o sérum 10 em 1.[60]

Apesar de serem marcas nascidas no digital, as DNVBs não estão exclusivamente neste universo. Muitas acabam migrando para a venda em pontos físicos ou abrindo até mesmo uma loja própria. "Especialmente em alguns segmentos como a moda, é difícil conseguir fazer um trabalho de marca 100% no digital, sem que o cliente tenha uma experiência sensorial. Em algum momento é interessante que as pessoas esbarrem no seu produto para sentirem como ele é, como funciona, para experimentar no corpo", diz Arthur Blaj. E mais: estar no ponto físico é uma maneira de expandir e adquirir mais clientes. "A marca tem que estar onde o consumidor está. E ele está no on-line e também no off-line", conclui Blaj. Liçãozinha básica de marketing, né?

O ARQUÉTIPO DA SUA MARCA

Como você viu, o importante é estar junto da sua audiência para criar uma conexão profunda com ela. Daí a razão de criar elementos, como tom de voz, comunicação direta, linguagem apropriada, entre outros, que tragam essas pessoas para perto do seu negócio.

Existe mais um item em que você pode trabalhar para criar essa conexão: o arquétipo de marca. Ou seja, a personalidade da sua marca, algo que vem de dentro dela, do seu interior. Ele ajuda a humanizar e, ainda, a criar as estratégias de branding a partir

---

60 *MARCA de Virginia e Samara Pink quebra recorde e fatura R$ 1 mi em 9 horas.* **Splash UOL**, *9 mar. 2022. Disponível em: https://www.uol.com.br/splash/noticias/2022/03/09/marca-virginia-recorde-r-1-milhao.htm. Acesso em: 4 jun. 2023.*

de gatilhos emocionais. No marketing, trabalhamos, geralmente, com doze arquétipos. São eles:[61]

1. O inocente: inspira pureza, simplicidade e positividade em relação a si mesmo e ao mundo. Exemplo: Dove.
2. O sábio: estimula o aprendizado e valoriza o ato de pensar. Acredita que compartilhar conhecimento é uma maneira de entender o mundo. Exemplo: TEDx.
3. O herói: quer mudar o mundo e está pronto para encarar qualquer desafio que surja no caminho. Exemplo: Nike.
4. O fora da lei: rebelde, inquieto, pronto para quebrar as barreiras do cotidiano; é capaz de revolucionar o que está ao seu alcance. Exemplo: Harley-Davidson.
5. O explorador: quer saber das novidades, descobrir o mundo e se desprender do tédio da rotina diária. Exemplo: Land Rover.
6. O mago: tem um ar misterioso e um pouco irônico. Deseja transformar a realidade e o senso comum, busca pensar fora da caixa. Exemplo: Red Bull.
7. A pessoa comum: quer se inserir na sociedade, por isso gosta de seguir uma rotina e não se importa em ser mais um na multidão. Exemplo: Havaianas.
8. O amante: é a marca que se entrega tanto ao cliente que chega a despertar prazer e sentimento de exclusividade. Exemplo: Dior.
9. O bobo da corte: despreocupado, engraçado, acessível, faz graça de si mesmo e gosta de ver a vida de maneira mais tranquila. Exemplo: Skol.
10. O cuidador: transmite carinho e afeto em seu posicionamento. Sua meta é ajudar o próximo, tendo o ser humano como foco. Exemplo: Médicos Sem Fronteiras.
11. O criador: é engenhoso, criativo, valoriza ideias e gosta de criar projetos interessantes. Exemplo: Lego.
12. O governante: é um líder nato, tem facilidade de se expressar, é carismático e possui grande poder persuasivo. Exemplo: Rolex.

---

61 *RAMOS, A. J. Entenda o conceito de arquétipos de marca e aprenda como criar um negócio de valor.* **Rockcontent**, *27 nov. 2019. Disponível em: https://rockcontent.com/br/blog/arquetipo-de-marca/. Acesso em: 4 jun. 2023.*

“Assim como a persona permeia a construção da jornada de compra do seu cliente, o arquétipo, quando bem aplicado, permeia a construção de sua identidade de marca. Se você entende que o seu arquétipo é o sábio, por exemplo, adequa seu tom de voz para a audiência que tem características parecidas, ou seja, que são pessoas mais centradas, que analisam bem as situações antes de tomar uma decisão. Se for o bobo da corte, já sabe que pode usar uma comunicação mais leve e divertida. O arquétipo também ajuda a definir cores que serão usadas, fontes, conteúdo; tudo reforça o arquétipo que você construiu”, explica João Vitor Chaves.

O propósito vai além de entender para que a marca existe ou os benefícios que ela oferece.

Quando se trata de arquétipo, o importante é entender que ele não precisa ser explícito, ele deve estar em evidência para o cliente, mas é algo subentendido, que fica no inconsciente. Por isso, não serve para vender mais e trazer lucratividade para a empresa, e sim para facilitar o entendimento de quem é a sua persona e dar mais transparência às estratégias de construção de marca. Além disso, é ele que dá uma dica de quem é você para o seu público. Seja um produto, um serviço ou até uma pessoa que se posiciona como marca, todos devem encontrar o seu arquétipo. Ele, inclusive, está ligado ao seu propósito.

O PROPÓSITO DA MARCA

Não dá mais para as marcas nascerem simplesmente por uma demanda de mercado ou porque os empreendedores acham que aquilo vai dar certo. Eles planejam todos os passos, mas se esquecem de algo tão profundo quanto a funcionalidade do produto e a demanda de marca, que é o propósito desta.

Para criar o seu propósito, pense no que gostaria que fosse diferente no mundo.

O propósito vai além de entender para que a marca existe ou quais benefícios ela oferece. Ele abarca o modo como ela pode fazer a diferença e se tornar relevante para os seus clientes.[62] Para Fred Gelli, marcas são agentes de construção do futuro e, portanto, não dá mais para pensar nelas sem pensar também no impacto que exercem no mundo em que habitamos. Elas não existem mais apenas para vender, mas para construir esse futuro desejado. E isso tem que estar no seu DNA, no seu propósito.

O que eu vejo, porém, é uma popularização errada do propósito, e isso faz com que ele perca a essência. Como o Fred diz, o propósito não é algo da boca para fora; ele deve estar no DNA da empresa, alinhado aos seus valores e princípios. E não adianta achar que o consumidor não repara nisso. Ele repara e, digo mais, ele sente. Uma empresa que diz uma coisa, mas, na realidade, se comporta de maneira contrária, no que diz respeito à percepção do cliente, fica por um fio. Se quem consome a sua marca não acredita mais nela, para pular para a concorrência é um piscar de olhos.

Para criar o seu propósito, pense no que gostaria que fosse diferente no mundo, como você pode colaborar com essa mudança e como o seu negócio pode fazer diferença. Pense também na razão para você vender esse produto e quais impactos ele pode causar na vida das pessoas. Sugiro até que coloque todas as respostas no papel (ou em um arquivo no seu computador). Não deixe apenas na sua cabeça. Junto com as suas ideias, leve em consideração as demandas do mundo atual. Mais uma vez, vou recorrer ao Fred Gelli. Veja o que ele fala:

---

62 *VANZAK, E.* **Crie marcas com alma**. *São Paulo: Gente, 2021.*

As marcas precisam estar afinadas com as demandas do mundo. Tudo muda muito rápido e a concorrência também é rápida, não dá para perder um capítulo dessa história. A marca tem que ser protagonista, e os negócios precisam gerar valor para a sociedade. Uma dessas demandas são as soluções mais sustentáveis. As marcas precisam pensar em como causar menor impacto ambiental. O ESG já é um critério de decisão de relacionamento e compra. Outra demanda é a transparência. Não dá para dizer que é uma coisa e agir de outra maneira. Também há uma demanda pelo impacto sensorial pelo prazer. Ninguém quer perder tempo com interfaces complicadas. Por isso as marcas têm que pensar em designs mais inteligentes, intuitivos, focados na experiência do usuário (UX) no momento em que ele acessa um site, um app ou qualquer interface. As pessoas querem navegar com prazer.

Entre essas demandas, uma delas merece muito a nossa atenção: as práticas ESG. A sigla significa *Environmental, Social and Governance* (Ambiental, Social e Governança, em português) e designa a responsabilidade socioambiental, a credibilidade e a reputação das empresas. Quem se compromete com essa pauta entende seus impactos positivos na sociedade, potencializando-os, mas também compreende os negativos e age para minimizá-los.

Um exemplo disso é o grupo Natura&Co (Natura, Avon, The Body Shop e Aesop) que assumiu o compromisso de zerar as emissões de carbono até 2030 (por enquanto, somente a Natura é carbono neutro); zerar o desmatamento da Floresta Amazônica; garantir os direitos humanos e a diversidade em sua rede; e implementar um modelo econômico circular de embalagens reutilizáveis, recicláveis ou compostáveis.[63]

Além de ser fator de decisão para investidores, as ESG fazem toda a diferença na criação da marca. Os consumidores estão cada vez mais preocupados em saber de onde vêm os insumos dos pro-

---

63 *WEBER, M. Especial ESG: Natura &Co.* **Forbes**, *22 ago. 2021. Disponível em: https://forbes.com.br/forbesesg/2021/08/especial-esg-natura-co/. Acesso em: 4 jun. 2023.*

dutos que usam, como são realizados os testes dos produtos (se feitos animais ou não) e o impacto ambiental da fabricação. Também estão de olho em como as empresas lidam com a gestão de recursos humanos, se promovem a diversidade, se agem de maneira positiva com seus colaboradores e assim por diante. Seguir as ESG já não é mais só passar a sensação de ser uma marca moderninha e engajada nos assuntos do momento. Pôr em prática esses preceitos é quase obrigatório para quem está pensando em construir uma marca. Isso deve fazer parte do seu propósito, dos seus valores e da sua missão.

MARCA PARA CAPTAÇÃO E RETENÇÃO DE TALENTOS

Falamos aqui das estratégias de construção de marca e como isso é essencial para fortalecer um produto e/ou serviço junto aos consumidores, aumentando sua base de clientes fiéis. Quem não faz essa lição de casa, dificilmente vai sobreviver no mercado de hoje. Mas, antes de finalizar este capítulo, quero mostrar que construir uma marca forte também pode ser um ativo usado na empresa para captar e reter talentos.

Estou falando sobre a employer branding (marca empregadora, em português), estratégia de marketing que cuida da reputação da empresa para gerar percepção positiva do local de trabalho, tanto para os colaboradores atuais como para potenciais candidatos que venham a ser futuros colaboradores da empresa.

De acordo com Rafael Crespo, *head* de Global Employer Branding da VTEX,[64] a marca empregadora trabalha a percepção que as pessoas têm da empresa a partir de atributos como política salarial, desenvolvimento de carreira, estabilidade da empresa, ambiente de inovação, qualidade de relacionamento, possibilidade de aprendizagem, entre outros.

O trabalho dessa estratégia se baseia principalmente em dois pilares: a melhoria do ambiente interno de trabalho e a comunicação disso para o mercado. Para o primeiro pilar, é feito um grande esforço para entender as necessidades dos colaboradores, para desenvolver um senso de pertencimento e um alinhamento

---

64 *Rafael Crespo em entrevista ao autor em 21 de março de 2022.*

para o futuro. Por que isso é importante? Porque assim você atrai as pessoas certas para trabalhar na empresa, visando não só às competências profissionais, mas também à identificação com a cultura e os valores da empresa. "Você se torna mais assertivo no perfil de talento que atrai e melhora a sua conversão na hora de abordar uma pessoa. Porque, se na hora que abordar um talento, eu souber muito bem o que quero, o que essa pessoa quer, o que tenho para oferecer e que se conecta com esse perfil, será muito mais fácil seduzir a pessoa", explica Rafael. O mesmo vale para dentro da empresa. "Se eu sei o que meus colaboradores valorizam, sei onde estou bem e onde estou mal, faço um plano de ação para criar valor para esses funcionários e retê-los". Resultado: maior engajamento, satisfação interna e ganho de produtividade.

Isso também é posicionar a marca. "Posicionamento de marca no employer branding é explorar todos os pontos de contato que um talento tem com a empresa, entender o que eles querem, o que a empresa tem a oferecer e contrastar com o que o mercado oferece para ser único. Essa consistência gera a percepção positiva e mostra que a empresa se importa com temas como a diversidade. É algo verdadeiro, não é da boca para fora", diz Rafael Crespo.

Já o segundo pilar é mostrar isso para o mercado. De que maneira? Por meio das redes sociais, site, blog, matérias publicadas na imprensa e pelos próprios colaboradores que falam com satisfação do seu local de trabalho. "Para quem está de fora, a marca é uma só. Então é importante que os times estejam em contato, trabalhando para o mesmo propósito e adaptando a voz da marca para a sua audiência, seja cliente, parceiro, investidor, fornecedor, funcionário ou candidato."

Em um mundo cada vez mais globalizado, em que as informações circulam rapidamente, o employer branding é uma maneira de fortalecer a sua marca junto à audiência. Assim como as pessoas querem saber quais empresas fazem manejo adequado de matéria-prima, preservando o meio ambiente, o que acaba sendo um atrativo para elas, também querem saber como essa empresa cuida dos seus profissionais. Não dá para preservar a floresta e ter um ambiente tóxico dentro da empresa. Não dá para não fazer testes em animais e, ao mesmo tempo, obrigar que seus colaboradores virem noites e noites para entregar um projeto. O que a empresa faz dentro das quatro paredes também é construção de marca. Pense nisso!

É MARKETING OU BRANDING?

É muito comum as pessoas confundirem os dois termos ou acharem que são a mesma coisa. Isso acontece porque, apesar de terem significados e objetivos diferentes, ambos caminham juntos.

Marketing é vendas. E vender, principalmente, para quem não quer comprar. "O trabalho diário do marketing é convencer as pessoas a mudar de ideia e quebrar objeções como: 'Seu produto funciona?', 'Seu produto funciona para mim?', 'E se eu não gostar?', 'Eu não preciso disso agora', 'Eu não tenho dinheiro'", explica Junior Neves.

O branding trabalha elementos da marca para que as pessoas tenham o desejo de comprar. Ou seja, o marketing foca o produto; é o "compre já", "compre agora", "50% de desconto". Já o branding foca a audiência. Segundo Junior Neves, o grande lance é que ele consegue fazer uma pessoa sair de um estágio em que está tranquila para um estágio em que fica bem interessada e desejando muito comprar o produto.

E quando a marca une essas duas forças, consegue conquistar fãs e, ao mesmo tempo, fazê-los realizar a compra, pois oferece vantagens em relação ao produto – facilidade na compra, desconto, clube de clientes, alguma exclusividade –, que quebra boa parte das objeções e leva os clientes a comprar o seu produto.

PLAYBOOK DE CRESCIMENTO DAS DNVBS, POR RAPHA AVELLAR

Agora que você já sabe o que é uma DNVB e como ela funciona, quero acrescentar mais um pouco de informação nessa história. Apresento aqui o playbook de crescimento das DNVBs, ou seja, as etapas que todas as empresas devem cumprir para conseguir crescer de maneira correta, criando diferenciação no mercado. Ser uma DNVB é importante para você, empreendedor.

O consumidor quer um produto de qualidade e que resolva as suas dores. Assim, um produto "comoditizado" e sem diferenciação não terá espaço. Dito isso, começamos nosso playbook pela primeira fase, a de **descoberta**.

Tudo nasce quando passamos a entender as necessidades de um grupo de pessoas, o segmento de possíveis consumidores, e criamos uma solução que se destaca das demais, descobrindo, assim, a forma como o produto se encaixa no mercado. Pesquisas e análise de dados primários e secundários são ótimas maneiras de colher informações para delinear o conceito da sua proposta de valor. Porém, os aprendizados reais acontecem quando você interage com o seu consumidor.

Criar um MVP[65] e testá-lo com a comunidade é a maneira mais prática de colher feedbacks reais e garantir que a sua proposta de valor seja realmente valorizada por consumidores reais. É muito comum ver empresas e empreendedores apaixonados por suas soluções, mas elas não são do interesse do cliente.

Mais do que nunca, o público tem buscado soluções com comodidades, sem querer perder tempo. Podemos ver isso na proposta de valor da marca americana Blue Apron, que entrega um kit com todos os ingredientes selecionados para você cozinhar em casa. Já a Warby Parker, marca de óculos que se destacou pela venda direta on-line, entrega óculos de qualidade, alinhados às tendências da moda e com preço justo. Esses são exemplos claros de propostas de

---

65 *MVP* (minimum viable product *ou produto viável mínimo), em português são os produtos iniciais, mais enxutos e simples, criados com baixa verba, somente para validá-los no mercado antes do lançamento oficial. (N.E.)*

Mais do que nunca o consumidor está mimado, ele quer conveniência sempre.

valor vencedoras que têm destaque ao redor do mundo.

A diferenciação por meio de atributos emocionais também pode ser muito exitosa em categorias em que o produto (e seus aspectos funcionais) são commodities, como acontece com as bebidas alcoólicas e grande parte dos produtos de beleza. O ator Dwayne Johnson, o The Rock, com sua tequila Teremana, e o também ator Ryan Reynolds, com o seu Aviation American Gin, são dois cases bilionários dessa estratégia. Pessoas compram, pois projetam os valores da celebridade no produto. O grande ativo é ancorar o propósito da marca na essência da celebridade e, com isso, conquistar o coração dos consumidores.

Uma vez encontrado o ajuste do produto ao mercado, ou o *market fit*, entramos na fase de **aceleração**. A DNVB deve ser obsessiva com a coleta e gestão dos dados para criar experiência e intimidade com o consumidor. Os dados de cada transação e interação são capazes de construir uma marca que seja próxima da comunidade, que escuta e trabalha junto com seus clientes, para então criar experiências cada vez mais customizadas e alinhadas às demandas deles. Acelerar uma marca no início de seu lançamento depende especialmente de foco.

A empresa e o produto vivem em simbiose nas fases iniciais de uma DNVB, e ter um *hero product*, aquele que será o carro-chefe das vendas, é crucial para o sucesso do entendimento da proposta de valor, ou seja, menos é mais. Concentre-se em poucos e bons produtos ou até mesmo apenas em uma unidade de manutenção de estoque (conhecida também como SKU, sigla de *stock keeping unit*, em inglês) que simbolize e represente sua promessa ao consumidor. Um exemplo é a Dollar Shave Club, que em 2011 realizou o lançamen-

Ter cliente é fácil, o difícil é ter freguês.

@alfredosoares

to de uma lâmina de barbear que possuía extrema qualidade e era vendida a um dólar. Devido ao seu sucesso, a Unilever se interessou pelo produto, tanto que em 2016 o adquiriu por 1 bilhão de dólares.[66]

Após a aceleração das vendas e maior coleta de dados, entramos finalmente na fase de **crescimento**. Com maior quantidade de dados, a DNVB deve ser capaz de encantar o consumidor em cada ponto de contato, além de ter uma comunicação customizada para cada público, sempre se atentando à mensagem passada, à frequência e à profundidade do conteúdo de acordo com o desejo de cada um. Os dados são a chave para as marcas digitais, pois, além de direcionar a estratégia de comunicação com o cliente, eles são utilizados para otimizar a cadeia de valor, partindo do desenvolvimento de produtos até chegar à orquestração da cadeia de suprimentos.

E para todo o processo de evolução, o fundamental é crescer de modo sustentável. O que isso quer dizer? Significa ter os *unit economics*[67] sólidos. As DNVBs podem ter uma grande vantagem em relação ao e-commerce e, com isso, gerar uma margem de contribuição de quatro a cinco vezes maior (40 a 50% versus 10%).

Mas é preciso entender o contexto histórico. Até o meio da década de 2010, o custo de mídia paga era muito baixo. Era comum vermos as marcas investirem 10 dólares para vender 40. Com a abundância de dinheiro de capital de risco, mesmo marcas com produtos comoditizados conseguiram por meio de grandes somas alcançar, por intermédio da mídia paga, bases imensas de consumidores. No entanto, essa estratégia não funciona mais.

O custo da mídia digital cresceu exponencialmente e a equação LTV/CAC depende de outras técnicas de vendas para ser sustentável. Conteúdo, SEO e relacionamento com a comunidade são estratégias fundamentais para aumentar o crescimento orgânico e driblar os altos custos de mídia digital. Uma estratégia vencedora nesse contexto é a associação com celebridades e influenciadores. Jessica Alba com sua marca The Honest Company

---

66 *DIRES, K. Unilever compra clube de barbear online Dollar Shave Club.* **Propmark**. *21 jul. 2016. Disponível em: https://propmark.com.br/unilever--compra-clube-de-barbear-online-dollar-shave-club/. Acesso em 07 jun. 2023.*

67 Unit economics *é todo o conhecimento financeiro de um negócio. (N.E.)*

e Kylie Jenner com sua linha de cosméticos construíram negócios multimilionários ao verticalizar a sua atenção na construção de marcas e são ótimos exemplos de como esse movimento funciona.

A associação com celebridades, proveniente da associação com grandes detentores de comunidades e de atenção, acelera o reconhecimento de marca e exige um investimento menor do que o tradicionalmente exigido para alcançar um resultado parecido.

Para todo o processo de evolução, o fundamental é crescer de modo sustentável.

Fazer as marcas crescerem por meio de um princípio que privilegia engajamento e comunidades causa uma retenção expressiva de *cohorts*,[68] fidelidade/recompras maiores e um LTV acima da média. Isso impacta diretamente o LTV/CAC da marca, o que cria vantagens competitivas principalmente pelo aumento do numerador da equação (LTV/CAC).

A última etapa é a **escala**, parte que traz novos desafios, mas também possibilita a utilização de novas alavancas de geração de valor. A verticalização da DNVB – que pode ser feita em estágios anteriores, porém com menor impacto no negócio – gera uma grande vantagem competitiva. Ser dono da sua cadeia produtiva e da sua distribuição resulta em margens maiores, ao mesmo tempo em que é preciso ser dono da velocidade de reação no desenvolvimento de produtos, conforme o feedback do consumidor.

A Harry's, empresa de lâminas de barbear, é um exemplo de marca bem-sucedida que verticalizou sua cadeia, otimizando os *unit economics* do negócio. A verticalização demanda um investimento de capital elevado, e por isso foi a forma mais adequada

---

68 Cohort *é uma métrica que divide os consumidores com base nas características demográficas e/ou estatísticas que eles têm em comum. (N.E.)*

quando a marca validou sua proposta de valor e identificou as alavancas de crescimento e expansão.

Sim, DNVBs nascem digitais, mas, em escala, é necessário disponibilizar o produto onde o consumidor quer. Se tornar omnichannel passa a ser fundamental para destravar valor nessa etapa, tanto por meio da criação de lojas próprias como até mesmo por varejos qualificados.

A Casper, DNVB de vendas de colchões, fez uma ampla expansão do seu negócio com a abertura de lojas próprias. Nas cidades em que abriram lojas físicas, a venda do e-commerce foi 100% maior do que em cidades em que a presença da marca é puramente digital. Uma boa alternativa pode ser começar a vender por meio do varejo tradicional, como fez a Birchbox, uma nativa digital de beleza, cujos produtos podem ser encontrados em lojas do Walgreens nos Estados Unidos, por exemplo.

Para finalizar, não podemos nos esquecer do mais importante: o maior diferencial de uma DNVB é a marca. Marca forte gera fidelidade e maior valor percebido dos produtos. Cuide dela desde o primeiro dia e mantenha a consistência de sua construção, mesmo quando alguns atalhos ou oportunidades de curto prazo baterem à sua porta.

Não dá mais para pensar na transação, é preciso pensar na relação.

@alfredosoares

4. HUMANIZANDO NEGÓCIOS

Você já deve ter ouvido falar da jornada do consumidor. Ela é o caminho que mostra as ações que uma pessoa toma desde o momento em que percebe uma necessidade até a decisão de compra. Para que a venda se concretize e o cliente seja fidelizado, é fundamental identificar essa jornada e os atritos que podem ocorrer ao longo dela. Qualquer problema durante esse processo fará o cliente dar um passo atrás (e você precisará gastar mais para conseguir que ele caminhe novamente) ou, pior ainda, desistir da sua empresa.

Imagine que uma pessoa, por meio de um post nas redes sociais, descobre a sua loja e gosta de um produto. Ao abrir o texto, porém, ela percebe que o preço não foi informado e então pergunta o valor nos comentários. Você, que é o lojista, pede ao possível cliente que encaminhe a pergunta por direct. Ali você pede a ele que deixe o número do WhatsApp para que a dúvida seja solucionada por um atendente. Olha só como a jornada é cheia de atritos! Isso ocasionará uma perda muito grande ao longo do caminho. E o que estou falando é muito sério. De acordo com o relatório CX Trends 2022, 62% dos consumidores desistem de uma compra por causa da experiência ruim durante a jornada.[69] Ou seja, mais da metade das pessoas que começam por esse caminho com uma marca podem simplesmente desaparecer sem concluir a compra. São muitos leads[70] para serem

---

69 *OCTADESK.* **CX Trends 2022**. *Disponível em: http://www.europadigital.com.br/cxtrends/. Acesso em: 10 mar. 2023.*

70 *Lead é um cliente em potencial. (N.E.)*

desperdiçados. Duvido que você não se preocupe com essa perda no meio do caminho.

Fiquei interessado, em determinado momento, por um imóvel ao ver o anúncio em um perfil no Instagram. Mandei mensagem para o corretor. Ele não me passou o valor e pediu que eu o chamasse pelo WhatsApp. Conversamos e, para me informar o preço, ele solicitou que eu preenchesse um cadastro. Desisti! Eu só queria saber o valor, e não preencher um cadastro. Se eu tivesse obtido essa informação desde o início, teria tido a chance de escolher se gostaria de continuar aquela jornada ou não.

O objetivo aqui é pensar não sobre a melhor jornada para o seu negócio, mas, sim, para o cliente. Direcioná-lo ao WhatsApp e pedir que preencha um cadastro pode até ser interessante para o seu negócio; afinal, você está fazendo uma captura de lead. Mas, com tantos atritos, ele desiste antes, como eu desisti. Portanto, quem dá as cartas é o seu cliente, não você.

Normalmente, a jornada do cliente é composta de quatro etapas, as quais veremos a seguir. Lembrando que a maneira com que você vai trabalhar cada uma delas é o que o aproxima ou o distancia do seu cliente.

Temos, na jornada tradicional, quatro passos que terminam na decisão de compra. Entretanto, o comportamento do novo consumidor mudou e a concorrência cresce cada vez mais, lutando pela atenção. Sendo assim, nessa jornada, é imprescindível que o poder de decisão evolua. Para mim, faz mais sentido pensá-la da seguinte maneira:

MINHA JORNADA

Essa é a minha jornada. Repare que ela não termina quando o cliente resolve comprar o seu produto. Ela continua, e inclui:

5 **Entrega da oferta:** o produto precisa chegar ao cliente na data certa e em ótimas condições. A jornada pode ter sido perfeita, mas se, ao receber o produto, ele estiver mal armazenado, for diferente do que está na descrição do site ou chegar com atraso, a experiência pode arruinar todo o trabalho feito anteriormente e ainda impedir que o cliente continue ao seu lado.

6 **Indicação:** um cliente satisfeito fica feliz em indicar seu produto para outras pessoas. Ou seja, ele continua comprando da sua empresa e ainda traz clientes quentes, que são aqueles já conscientes do próprio problema, conhecedores da solução e prontos para a decisão de compra. Assim, a jornada torna-se menor, mais rápida e mais efetiva.

A indicação é um importante ativo da sua empresa. Em diversas situações, a decisão de compra começa pela busca de informações sobre a experiência de outros consumidores. Seja pelos comentários ou posts em redes sociais, pela pesquisa da reputação da empresa no Reclame Aqui, indicações de amigos e conhecidos ou avaliações em vídeos no YouTube.

Para o especialista em marketing de indicação Rodrigo Noll, fundador da Base Viral,[71] essas interações são tão importantes por-

71 *Rodrigo Noll em entrevista ao autor em 14 de abril de 2022.*

que nossos clientes vendem a nossa marca melhor que nós mesmos. "Na maioria das vezes, nós não somos a nossa persona. Conhecemos tudo sobre o produto, mas o dono de uma empresa não tem as características do seu cliente ideal. Além disso, o cliente que está indicando conhece plenamente aquele amigo que precisa do produto, então a estratégia de vendas por indicação acaba sendo muito precisa. Isso acaba construindo a marca, pois você terá um exército de clientes falando do seu produto ou da sua marca para o próprio círculo de convivência. São muitas pessoas falando a mesma coisa, o que acaba criando no consciente coletivo o que a sua marca é e o que faz", ensina Rodrigo Noll.

RELACIONAMENTO À FRENTE DA COMPRA

Mas antes que seu cliente chegue até a etapa de indicação, você precisará se relacionar com ele. Hoje não se briga mais por preço e produto. Embora esses dois fatores sejam importantes na tomada de decisão de compra, o cliente só vai chegar a essa etapa da jornada se, antes, ele criar um vínculo com a sua marca. Com a concorrência cada vez maior, ter a atenção desse cliente virou um ativo importante das empresas. E a briga por ela é gigantesca. Por isso, marcas que conseguem nutrir essa aproximação saem na frente.

Para mim, uma das principais maneiras de se tornar próximo é apostar na humanização da marca. Humanizar uma marca é torná-la real a ponto de o seu cliente se identificar com ela e estabelecer uma relação de intimidade. "A humanização de marcas se tornou um conceito fundamental no mundo dos negócios, pois permite que as empresas se conectem com os consumidores de maneira mais autêntica, pessoal e emocional. Assim, as marcas conseguem criar uma identidade mais forte e cativante que gera maior engajamento e fidelização do público", explica Rodrigo Soares, especialista em design de marcas, do Estúdio RS.[72] A empresa ganha a personalidade e o cliente se identifica com seus valores e as causas que a marca defende. Mais do que uma estratégia, humanizar marcas é falar de pessoa para

---

72 *Rodrigo Soares em entrevista ao autor em 28 de março de 2023.*

pessoa, sendo sincero, mostrando suas emoções, seus medos e seus desejos.

Humanizar uma marca é torná-la real a ponto de o seu cliente se identificar com ela e estabelecer uma relação de intimidade.

Para Carlos Ferreirinha, "a humanização é a expressão do indivíduo, o toque humano, a sinestesia humana. As marcas precisam cada vez mais se distanciar da expressão do CNPJ e serem mais humanas e terem alma, dialogarem com o coração. A humanização é todas as vezes que a gente consegue intervir diretamente na relação com o outro, para que ele sinta que, por trás daquele produto, por trás daquele serviço, existe um ser humano, existe um indivíduo, alguém de sangue quente, fazendo aquele momento ser diferenciado".[73]

No G4 Educação, criar esse ambiente humano é prioridade. Sempre estamos oferecendo experiências para que quem participe dos cursos se sinta em casa e tenha uma vivência inesquecível. Tratamos cada aluno de maneira personalizada, como se ele fosse único. São os momentos "uau". Já instalamos até mesmo uma sala de amamentação e troca de fraldas, com direito a presentinhos para a criança, para uma de nossas alunas que tinha acabado de ter bebê, mas que não queria perder o curso. No local, ela era recepcionada com a seguinte cartinha:

"Maju, parabéns por sair da zona de conforto ao enfrentar desafios profissionais com a linda missão de ser mãe. Admiramos mulheres que se dedicam nesta longa e dupla jornada. Preparamos um carinho para o Felipe e desejamos que vocês continuem aproveitando cada momento com ele, porque esses momentos

---

73 *Carlos Ferreirinha em entrevista ao autor em 25 de fevereiro de 2023.*

passam voando. Foi um prazer recebê-los, voltem logo! Com carinho, G4 Educação".[74]

Para nós, a sala era só um local a mais na empresa. Mas para essa aluna era uma atenção fora do normal. Isso é ser humano. Quantas mulheres já deixaram de fazer um curso ou ir a um local porque não tinham um espaço adequado para amamentar ou trocar o filho? Com esses momentos "uau" nós nos conectamos às particularidades dos nossos alunos e os tornamos fãs da marca.

Eu sei que você deve estar pensando que falar de humanização em uma era em que a tecnologia parece passar como um trator sobre nós pode até soar como contrassenso. Chatbots, robôs, inteligência artificial, cloud, ChatGPT são ferramentas que vieram para ficar e já se tornaram ou ainda se tornarão muito importantes para o varejo. Tanto que ainda falaremos sobre isso nos próximos capítulos. Mas essas ferramentas não caminham sozinhas; seu cliente precisa sentir que você é de verdade.

O cliente quer ser atendido com a agilidade de um robô, mas para ele é importante saber que tem uma pessoa do outro lado à disposição para resolver algum problema. Mesmo aquelas pessoas já nascidas na era digital, a geração Z, que são atraídas pela tecnologia, não dispensam essa conexão humana.

O contato humanizado é um diferencial no mercado competitivo no qual convivemos, um em que os consumidores buscam marcas que ofereçam uma experiência única e significativa. E, claro, é um decisor de compras. Um estudo realizado pela plataforma Tiendeo mostrou que para 48% dos brasileiros a atenção dedicada ao cliente é o fator que determina em qual marca ou loja eles depositarão a sua confiança e a sua fidelidade.[75] **A compra, então, é consequência de uma relação, e não de uma negociação.**

---

74 *G4 EDUCAÇÃO. Newsletter. CX & product imersões. 10ª edição. Novembro/2022.*

75 *PESQUISA mostra que 77% dos brasileiros estão frustrados com suas marcas favoritas.* **Mercado & Consumo**, *9 set. 2021. Disponível em: https://mercadoeconsumo.com.br/09/09/2021/consumo/pesquisa-mostra-que-77-dos-brasileiros-estao-frustrados-com-suas-marcas-favoritas/. Acesso em: 4 jun. 2023.*

A influência deve acontecer durante a jornada para formar a opinião do público.

@alfredosoares

Toda marca deve ser crível, verdadeira com quem se é, com sua história e seu futuro.

Sabendo da força da humanização, a Fazenda Futuro sempre se preocupou em manter essa relação um a um com seus clientes, e ela é tão forte que ajuda até mesmo a construir a marca. Marcos Leta[76] explica: "A gente sempre teve uma relação direta com nossos consumidores. Como não temos verbas milionárias como as das grandes empresas, a gente acaba compartilhando e construindo a empresa com nossos consumidores, escutando-os por meio das mídias sociais e entendendo de que maneira podemos oferecer mais sortimento para a categoria".

A Fazenda Futuro se mostrou transparente para os seus consumidores, mostrando o quanto confia em suas opiniões e o quanto eles também podem confiar na empresa. Isso só foi possível porque o discurso de sustentabilidade que ela propagava era o mesmo aplicado dentro de casa. A empresa fez muito bem a tarefa número um da humanização de marcas, que é começar esse processo de dentro para fora.

Não adianta criar uma frase linda de impacto para cativar o seu cliente, se for um discurso vazio, se a cultura organizacional não refletir esses conceitos. Imagina se colocar como uma marca que preza pela sustentabilidade e seus clientes descobrirem que você não faz a coleta adequada do lixo produzido ou que usa recursos de áreas protegidas?

"Tal como pessoas, respeitamos uma marca com uma visão de mundo que não é oportunista e que não se aproveita de qualquer contexto para vender. Sobretudo depois da ampliação das redes sociais, o público está cada vez mais participativo e cético de em que entregar seu engajamento. Toda marca deve ser crível, verdadeira com quem se é, com sua história e seu futuro; também tem que dar conta do seu ecossistema e responsabilidades ESG, ter uma

---

76 *Marcos Leta em entrevista ao autor em 18 de julho de 2022.*

Uma marca forte pode cobrar até 20% mais caro e adquirir clientes até 70% mais baratos.

@alfredosoares

boa relação de serviço. Isso vai ser cada vez mais condição básica para o consumidor atual querer se relacionar com sua marca", alerta Danilo Cid, sócio e VP de criação da Agência Ana Couto[77].

Esse é um desafio para muitas marcas que nasceram há mais de uma década e precisam se adaptar à nova realidade. Porém, marcas mais novas – e é aí que as DNVBs atuam brilhantemente – conseguem identificar essas demandas e implementar estratégias de comunicação adequadas para transformar o relacionamento com o consumidor, tornando-o mais humano. Lembre-se: com uma audiência mais fiel, a marca tem mais chances de aumentar o seu LTV, diminuindo seu CAC e aumentando o lucro.

A meu pedido, o Danilo Cid separou três cases de marcas que têm atributos humanistas bem acentuados e que foram trabalhados em sua agência para que possamos entender melhor como funciona na prática:

CASE 1 - ITAÚ

O Itaú é uma marca que há muito fala de transformação e o impacto dela na vida das pessoas. Na pandemia, por exemplo, foi a primeira marca a ajudar as pessoas da terceira idade a usar as interfaces digitais. Isso parte de um lugar de uma marca visionária, que gera transformações de alto impacto. É o DNA dela, e por isso a marca desse banco é a mais valiosa do Brasil.

CASE 2 - HAVAIANAS

A Havaianas possui em seu DNA uma leveza, um colorido e um jeito informal e inclusivo que age mais em questões emocionais. Havaianas é aquele amigo com quem a gente quer estar no fim de semana e com quem quer passar os dias. Criativa, interessante e bem-humorada, é uma marca que qualifica o jeito brasileiro.

---

77 *Danilo Cid em entrevista ao autor em 2 de abril de 2023.*

CASE 3 - NATURA

A partir da essência de "bem estar bem", a Natura tem uma visão de propósito e causa que engaja todo mundo. Ela está nas discussões de cuidado da Amazônia e "mais beleza, menos lixo". E também mostra presença em questões referentes à autoestima, relações das pessoas com o próprio corpo, diversidade e beleza. São características humanas de uma marca que nos faz pensar e aprender.

Mas de nada adianta fazer a lição de casa e não externar essa humanização, não é mesmo? E como fazer isso de maneira simples?

CONTEÚDO CRIA CONEXÃO

Como já falamos, humanizar uma marca é ficar próximo, tornar-se o melhor amigo de seu cliente. Uma das maneiras mais fáceis de manter esse contato é por meio da produção de conteúdo adequado para a sua persona. "O conteúdo permite que a marca gere diálogo e aproximação com a audiência. É uma via de mão dupla, proporcionando a troca e uma conexão maior e mais genuína", explica Richard Stad, CEO da Aramis.[78]

E você nem precisa falar só dos seus produtos ou dos seus valores para que seus clientes sintam essa conexão. A Aramis, por exemplo, atua no segmento de moda masculina, mas mantém em seu e-commerce uma plataforma de conteúdo, chamada Aramis Way, com uma gama ampla de temas que transitam entre dicas de moda, empreendedorismo e até turismo. O mais importante é falar aquilo que interessa ao cliente Richard Stad explica *como*:

> Para iniciar a produção, enviamos uma pesquisa para parte da nossa base de clientes e descobrimos quais eram os seus maiores temas de interesse. A partir daí, produzimos con-

---

78 *Richard Stad, CEO da Aramis, em entrevista ao autor em 30 de março de 2022.*

teúdos e testamos quais funcionam melhor de acordo com o engajamento e seus compartilhamentos. Otimizamos nossa produção com base nisso. E, claro, os influenciadores também nos ajudam a compor essa estratégia de testes e correções de rota.

Quanto mais humano for esse conteúdo, melhor será para promover a aproximação com a sua marca e aumentar a autoridade. Usar seus vendedores como produtores de conteúdo, por exemplo, é uma maneira de falar diretamente com a audiência. Cada vendedor sabe exatamente o que seus clientes querem, o que aumenta o nível de conexão. Usar influenciadores e embaixadores também é outro meio de manter fortíssima essa conexão.

O próprio cliente, inclusive, pode ser uma ferramenta de humanização da sua marca. Quando ele segue o seu perfil nas redes sociais, posta o seu produto, fala o que achou e mostra como usá-lo, garante mais credibilidade ao que está sendo apresentado e ainda cria uma identificação imediata com parte dos consumidores.

Quanto mais natural for essa comunicação, mais ela transmite credibilidade, conecta-se com a audiência e imprime aquela sensação de recomendação, e não de publicidade. "Quanto mais um seguidor confia em uma marca, mais ele volta ao perfil nas redes sociais ou site para ver se tem algum conteúdo novo. Quanto mais ele faz isso, mais aquela marca passa a ter credibilidade no dia a dia da pessoa. E quanto mais credibilidade, mais autoridade a marca passa a ter", explica Paulo Cuenca, especialista em produção de conteúdo.[79]

AUTORIDADE DA MARCA

Portanto, quando você investe na humanização, também está ajudando a aumentar a autoridade da sua marca. De acordo com o estrategista em branding Galileu Nogueira,[80] a autoridade de marca acontece quando uma empresa tem um posicionamento tão bem constituído na cabeça das pessoas que consegue ocupar ali

---

79 *Paulo Cuenca em entrevista ao autor em 13 de abril de 2022.*

80 *Galileu Nogueira em entrevista ao autor em 28 de março de 2022.*

um lugar único. É uma percepção tão forte para os consumidores que nenhuma outra marca consegue ser melhor. O produto deixa de ter preço para ter valor. É uma construção. A Apple é uma empresa que faz esse jogo muito bem. A Lindt, com seus chocolates premium, também consegue ocupar esse espaço na mente da sua audiência.

Uma marca que tem autoridade traz ao cliente a sua proposta de valor, a sua missão, o seu propósito, os seus valores e o que a diferencia do que já existe no mercado. A união de tudo isso mexe com o inconsciente do consumidor e cria a tal conexão de que tanto falamos. Essa é a receita para a marca se tornar especial e confiável.

Usar seus vendedores como produtores de conteúdo, por exemplo, é uma maneira de falar diretamente com a audiência.

A autoridade reforça a sua marca e ajuda o consumidor a se lembrar dela quando for fazer a compra. Ela será sempre a primeira da cabeça dele. Dessa maneira, a loja encurta a jornada de compra, pois o caminho da compra fica mais limpo e as chances de uma recompra aumentam. “Hoje temos muitos canais de venda, está mais difícil vender, então quando uma marca consegue provar a sua autoridade, ela chega mais perto da conversão”, explica Marcela Raposo, CEO e fundadora do PubliReview.[81] Em um momento de crise econômica, por exemplo, essa autoridade certamente será o fator decisor entre escolher a sua marca ou a do concorrente.

Lembre-se de que a concorrência cresce a cada dia e, ali na esquina ou no outro marketplace, pode existir alguém vendendo o mesmo produto que você, ou algo bem similar. **O seu produto pode**

---

81 *Marcela Raposo em entrevista ao autor em 28 de março de 2022.*

É preciso mostrar o que se pensa e em que lado da moeda está.

ser copiado, mas a sua autoridade jamais será copiada.

Claro que chegar a esse ponto exige consistência e autenticidade. A Apple, por exemplo, só é uma autoridade porque vem trabalhando essa ideia na cabeça do consumidor há décadas. Tanto no on-line como no off-line. É um jogo 360°. Não adianta trabalhar a autoridade só no site ou nas redes sociais e não fazer o mesmo no ponto físico, com seus vendedores e o seu atendimento. Todos precisam estar alinhados à consistência de ideias, de valores e a todo o combo que envolve a marca.

Também não adianta ficar mudando de posicionamento só para tentar agradar o cliente. Ele, certamente, enxergará a estratégia, e a possibilidade de se tornar um *brand lover*[82] ficará cada vez mais distante.

Mas se é verdade que para construir a autoridade de uma marca é preciso ter constância e isso leva tempo – no mínimo dois anos –, perdê-la é totalmente o inverso dessa equação. Às vezes, basta um post errado, uma frase mal interpretada, e a autoridade construída por anos vai embora.

Diante da geração atual de consumidores, que é hiperconectada, não é mais possível uma marca não ter um posicionamento claro perante algumas situações. É preciso mostrar o que se pensa e em que lado da moeda está. Os próprios consumidores cobram esse posicionamento. Isso porque eles nutrem um elo com a marca e cobram dela a mesma lealdade que eles nutrem.

“Os consumidores estão enxergando o papel social das marcas. Então, quando eles consomem uma marca que, por exemplo, preza pela sustentabilidade e que está patrocinando um programa de TV que produz lixo excessivo, ela, com certeza, será cobrada

---

82 Brand lover *é o amante da marca. O termo se refere às pessoas que nutrem com a marca uma relação que vai além do produto. Eles se identificam tanto com os valores quanto com a cultura da empresa. (N.E.)*

por isso", explica Galileu Nogueira. Se a marca não fizer nada, os consumidores migram para aquelas que entregam o que prometem. **A fidelidade termina quando eles sentem que a marca não é verdadeira. O simples "erramos" não cola mais.**

Por outro lado, a autoridade pode ser uma aliada na gestão de crise. Uma marca que construiu uma forte relação de confiança com o seu público tem uma "reserva" de reputação que pode ajudar a contornar problemas e evitar grandes prejuízos financeiros. Mas a ação tem que ser rápida.

Essa falta de percepção do tempo para agir quase levou a Victoria's Secret, marca de lingerie e acessórios americana, à falência. Em 2018, mesmo diante de sucessivas reclamações pela falta de diversidade de corpos, tons de pele e padrões de beleza fora do cotidiano em suas campanhas publicitárias e até mesmo em seu famoso desfile anual (em que as modelos eram transformadas em Angels), a marca não fez nada. Manteve-se em um patamar em que se colocava como inatingível.

Naquele mesmo ano, a Victoria's Secret viu o valor de suas ações despencar 41% devido à queda nas vendas e precisou fechar trinta lojas.[83] Demorou um ano para que a marca despertasse para o problema e entendesse que a autoridade que mantinha já não era suficiente para segurar seus clientes. A conexão havia se perdido. Assim, ela tomou uma série de atitudes para cativar novamente seus clientes, entre elas, ter uma abordagem mais inclusiva. Hoje em dia, quem vê o Instagram da marca percebe claramente a mudança.

O mesmo cuidado com ações publicitárias deve acontecer quando a marca trabalha com algum influencer. O contratado deve refletir os mesmos valores, pois ele vira uma extensão da marca. Um vacilo na sua vida pessoal respingará diretamente nessas marcas.

Exemplo clássico aconteceu com a blogueira Gabriela Pugliesi. Em meio à pandemia provocada pela covid-19, com o movimento

---

83 *VICTORIA'S Secret: uma marca que tenta se reinventar em meio ao caos.* **Portal do Jornalismo ESPM**, *14 maio 2022. Disponível em: https://jornalismorio.espm.br/destaque/victorias-secret-uma-marca-que-tenta-se-reinventar-em-meio-ao-caos/. Acesso em: 4 jun. 2023.*

"fique em casa" bombando, ela postou fotos em suas redes sociais fazendo uma festa em sua casa. No dia seguinte, diante de inúmeras críticas, seus contratos com mais de dez marcas foram cancelados. As empresas fizeram questão de se pronunciar e mesmo aquelas com as quais a influencer já havia trabalhado, mas já não mantinha vínculos, também se viram obrigadas a se manifestar. Ninguém mais queria associar seu nome ao dela. Um prejuízo pessoal de cerca de R$ 3 milhões, segundo o que a *Forbes* noticiou na época.[84] Se as marcas não se pronunciassem, provavelmente também teriam danos ainda maiores que este.

LÍDERES COMO *REFERENCE VOICE*

Usar líderes como *reference voice* é outra maneira de humanizar a marca e dar autoridade a ela. Nesse caso, o CEO da empresa assume o papel de influenciador dela. Ele mesmo põe a cara a tapa. Grandes empresários vêm fazendo isso com muito sucesso. Elon Musk e Jeff Bezos são dois exemplos.

Aqui no Brasil, Guilherme Benchimol, da XP, e João Adibe, da Cimed, também entraram nessa onda. Eles estão nas redes sociais, escrevem livros, percorrem o país em palestras, mostram o dia a dia da empresa, dão dicas em suas respectivas áreas, falam de empreendedorismo, de conquistas, mas podem também, em algum momento, mostrar um pouco da vida pessoal. Eles estão humanizando o mercado.

Foi justamente essa a intenção da Cimed ao escolher colocar João Adibe, CEO da empresa, como seu embaixador. Veja o que Erich Shibata, diretor de branding e criação da Cimed,[85] me contou: "Essa estratégia aproxima a empresa das pessoas. Ninguém melhor do que o CEO para mostrar o quanto a Cimed é feita de pessoas e para pessoas. Ter essa personificação do CEO como embaixador

---

84 *CALAIS, B. Festa durante isolamento pode ter causado prejuízos de R$ 3 milhões a Gabriela Pugliesi.* **Forbes**, *1º maio 2020. Disponível em: https://forbes.com.br/principal/2020/05/festa-durante-isolamento-pode-ter-causado-prejuizos-de-r-3-milhoes-a-gabriela-pugliesi/#foto4. Acesso em: 28 jun. 2022.*

85 *Erich Shibata em entrevista ao autor em 12 de abril de 2022.*

transmite a sensação de que elas sabem com quem falar. Caso precisem entrar em contato com a empresa, por exemplo, pensarão em João Adibe como alguém que pode ouvir a sua demanda. Torna a relação da Cimed e do seguidor/consumidor muito mais pessoal".

O caso da Cimed exemplifica bem o que falei sobre a humanização. Ele não aparece nas redes sociais só para mostrar a empresa, mas mescla esses momentos com sua vida pessoal. Erich Shibata explica que esse mix é feito para mostrar a realidade da vida de um grande empresário. "Ao mostrar seu ritmo, a sua rotina e seus rituais, o João motiva e inspira. Os carros de luxo e os aviões que ele mostra simbolizam o fruto de muito trabalho e transmitem ao público, com transparência, como as coisas acontecem", exemplifica Shibata.

Como você viu, a humanização é uma tendência que está cada vez mais presente no mundo. As empresas estão se preocupando em se aproximar do público e criar um relacionamento mais efetivo com ele. Quem aposta nessa estratégia aumenta o engajamento e a fidelidade do cliente.

As empresas estão se preocupando em se aproximar do público e criar um relacionamento mais efetivo.

A estratégia leva tempo, dá trabalho, precisa ser nutrida a todo momento, mas o retorno é recompensador para as marcas.

5. MÍDIA DESCENTRALIZADA: PESSOAS COMO CANAIS

Televisão, rádio, jornais, revistas: você consegue imaginar qual é a relação entre eles? Se falou que todos são espaços para anunciar o seu produto, acertou. Mas existe mais uma comparação viável de ser feita. São todos meios de comunicação que já foram considerados grandes mídias.

Essas eram as quatro maneiras de explorar as mídias. Mas, aos poucos, o cenário foi mudando e esse reinado absoluto vem perdendo cada vez mais espaço. De acordo com o monitoramento Cenp-Meios, sistema que totaliza as compras de mídias realizadas por agências de publicidade, em 2022, a televisão aberta ficou com 41,7% dos investimentos feitos pelo mercado publicitário. Já os investimentos em internet ficaram em 35,7%; jornais, 1,7%; rádios, 3,7%; revistas, 0,4%; e televisão por assinatura, 6,3%.[85]

Olhando assim até parece que a internet não oferece perigo, afinal seis pontos a separam da televisão. Mas, comparando esses números desde 2019, a história muda completamente. Veja só:[86]

---

85 *CENP – meios painéis.* **Cenp**, *2023. Disponível em: https://cenp.com.br/cenp-meio/. Acesso em: 22 mar. 2023.*

86 **CENP EM REVISTA**. *São Paulo: Fórum da Autorregulação do Mercado Publicitário, n. 83, mar. 2022. Disponível em: https://cenp.com.br/wp-content/uploads/2022/03/Cenp-em-Revista-ed.83-marco.2022.pdf. Acesso em: 4 jun. 2023.*

MEIOS	2019	2020	2021	2022
Televisão aberta	52,9%	51,9%	45,4%	41,7%
Televisão fechada	6,9%	5,9%	6,4%	6,3%
Internet	21,2%	26,7%	33,5%	35,7%
Rádio	4,4%	4,2%	3,8%	3,7%
Jornal	2,7%	2%	1,9%	1,7%
Revista	1%	0,6%	0,4%	0,4%

Repare que, entre 2019 e 2022, a televisão aberta perdeu 11% de participação no mercado, enquanto a internet ganhou quase 14%. Rádio, jornal e revista também perderam espaço. Somente a televisão fechada manteve o nível.

Por que o domínio das mídias tradicionais deixou de existir? A resposta é simples: porque outros meios foram surgindo, e a mídia, que antes era centralizada, passou a ser descentralizada. Ou seja, elas começaram a dividir espaço com as mídias digitais que foram ganhando mais espaço.

Paulo Braga, CEO da Daxx Omnimedia,[87]explica: "Mídia descentralizada ou omnimedia é um modelo estratégico de planejamento e veiculação de campanhas de mídia que busca empregar os meios de comunicação mais adequados a cada etapa do processo de decisão de compras do público, utilizando, de maneira integrada, veículos de comunicação das mais diferentes plataformas, digitais e tradicionais, encaixando-as como peças de um quebra-cabeça para aproveitar o melhor de cada uma". Segundo ele, essa estratégia permite aumentar sensivelmente os pontos de contato de uma campanha publicitária com o seu público-alvo e, consequentemente, potencializar o engajamento desse público com a marca anunciante.

Essa omnicanalidade no meio publicitário é impulsionada por dois fatores principais. O primeiro é a necessidade de ser mais assertivo ao atingir seu público. Com o excesso de infor-

---

87 *Paulo Braga em entrevista ao autor em 5 de abril de 2022.*

mações com que nos deparamos todos os dias, prender a atenção do cliente fica cada vez mais difícil. "Nesta estratégia, mapeamos a jornada de compra do público a ser alcançado para percebermos as diferentes oportunidades de impactá-lo por meio de diferentes canais. Isso faz com que o consumidor seja apresentado a uma mesma marca ou mensagem em diferentes momentos, formatos, ambientes e situações e, desta maneira, possa perceber essas mensagens com mais atenção. Quanto mais plataformas diferentes alcançarem o consumidor, maior a oportunidade de o anunciante reter a atenção do seu público", explica Paulo Braga.

Com o excesso de informações com que nos deparamos todos os dias, prender a atenção do cliente fica cada vez mais difícil.

O segundo fator é o alcance das mídias. Vamos pegar o exemplo da TV aberta. Embora tenha perdido bastante público nos últimos anos, como já mostrei aqui, ela continua tendo um papel importante no meio publicitário. É a mídia mais democrática que existe e que ainda entra em todos os lares brasileiros. Coisa semelhante ocorre com o rádio.

Por outro lado, as mídias digitais, impulsionadas pela internet, vêm crescendo e não dá para desprezar esse potencial. Assim, a descentralização permite uma interface muito grande entre os meios tradicional e digital. Um bom exemplo é quando temos uma campanha na TV que mostra um QR Code na tela para o qual o telespectador pode apontar a câmera e ser encaminhado para um site, uma landing page ou uma página de venda. É o mesmo processo de quando alguém está caminhando no shopping e se depara com um painel de LED gigante anunciando uma marca com um QR Code ao lado.

"No mundo omnichannel no qual vivemos, a comunicação precisa ser omnimedia. Afinal, o consumidor que pesquisa preço na internet e vai à loja comprar ou que vai à loja para comprar on-line é o mesmo consumidor que vê uma notícia no Twitter ou Facebook e depois liga a TV para saber mais detalhes no telejornal, ou que assiste ao reality show na TV e escaneia o QR Code do patrocinador que aparece na tela para comprar. Ou apenas comenta os acontecimentos do reality na sua conta do Twitter", revela Paulo Braga. Para o usuário não há distinção entre um meio e o outro, ele quer aproveitar o melhor de cada um e não ter que escolher se vai usar o tradicional ou o digital.

Para ter ideia da importância dessa descentralização, basta pensar na geração Z e na quantidade de informações a que essas pessoas são expostas todos os dias. Para atrair a atenção delas é ainda mais importante apostar no uso de múltiplos canais e plataformas entregando mensagens cada vez mais relevantes.

E se o negócio é fazer barulho para roubar a atenção do consumidor, vale um destaque para a mídia *out-of-home* (OOH), um importante meio para ajudar a compor esse quebra-cabeça. De simples outdoors, passando pelos painéis da Elemídia (que foram os primeiros disruptores desse mercado) até os painéis digitais em aeroportos, supermercados, elevadores e por aí vai. O segmento cresceu tanto que até o nome precisou ser readequado.

De mídia alternativa passou para mídia externa até chegar ao *out-of-home* (OOH), que é toda a publicidade que atinge a pessoa fora de sua casa. Não importa se é um ambiente interno ou externo. Isso bate demais com o que eu penso de que a **mídia é o lugar em que as pessoas estão e no qual detém a sua atenção.**

Uma das vantagens da mídia OOH, que não é possível reproduzir nos meios tradicionais, é estar presente ao longo da jornada do consumidor. Ele não precisa estar sentado em frente à TV para conhecer o seu produto. Ele está parado no trânsito e vê o anúncio em um relógio de rua. Está esperando o metrô e se depara com a publicidade de uma marca. E assim por diante: no elevador, no shopping, no corredor de acesso ao seu voo, são inúmeros locais. "A OOH serve para trazer relevância para a marca. Ela não tem retorno imediato, mas planta a semente no cérebro da pessoa e aciona um gatilho que funcionará no ponto de venda", explica Rodrigo Moreira Kallas, CEO da Kallas Mídia OOH.[88]

A tecnologia permite contextualizar a comunicação com seus diferentes perfis de clientes.

Ele ainda destaca que a mídia OOH em locais em que a exposição digital consegue ser bem assertiva. Por exemplo: uma cidade vai receber um show de uma banda internacional no fim de semana. Então, pode-se programar para os três ou dois dias que antecedem o evento uma mídia nos aeroportos desejando boas-vindas aos passageiros. Ou simular uma praia na chegada de uma cidade do litoral do Nordeste. A Kallas, por exemplo, instalou um túnel de LED gigante na área de desembarque do Aeroporto de Congonhas, em São Paulo, justamente para entregar uma publicidade personalizada que permite experiências interativas, visuais e sensoriais aos passageiros. Aquilo impacta demais até quem é distraído.

Outra possibilidade da mídia OOH é criar uma mensagem para o mesmo produto para as pessoas que estão na sala de embarque de um aeroporto e outro para os que vão acessar as salas VIP. Além disso, a mídia OOH é 24 × 7, ou seja, funciona 24 horas por dia, sete dias por semana, nunca desliga. “É uma mídia que as pessoas não têm como evitar. É garantia de visualização”, destaca Kallas.

SEU CLIENTE É A SUA MELHOR MÍDIA

TV, rádio, internet, redes sociais, OOH, tudo isso ajuda a montar a sua estratégia de marketing e, com a mídia descentralizada, ficou claro que o importante mesmo é se apropriar do melhor de cada uma delas, aplicando-as o máximo que puder a cada etapa do processo de decisão de compra do consumidor.

Mas existe uma categoria de mídia que não se encaixa nos meios tradicionais nem nos digitais, mas é tão poderosa quanto eles – ou talvez até mais. Essa mídia é o seu cliente. Por que não usá-lo como mídia?

---

88 *Rodrigo Moreira Kallas em entrevista ao autor em 31 de março de 2022.*

Sim, ele também pode fazer publicidade do seu negócio. Se antes as grandes indústrias procuravam as mídias para anunciar e esperar que todos soubessem do seu produto, agora estamos presenciando o novo desafio da indústria, que é fazer com que a maior parte das pessoas falem do seu produto em vez de ela mesma. Isso vai reverberando de uma maneira que gera mais barulho do que o comercial no intervalo da novela nos anos 1980.

O seu cliente, aquele que ficava sentado no sofá, virou a sua principal mídia. As redes sociais, como Instagram, Facebook, LinkedIn e até o WhatsApp, permitem que esse cliente poste sobre o seu produto sem nem mesmo você pedir. Deixar de apostar nesse potencial é jogar dinheiro fora. O que eu recomendo: **em vez de comprar mídia, use o seu cliente como sua mídia**.

Você já deve ter visto algo como "faça um post mostrando o seu produto e ganhe 10% na próxima compra" ou "faça um post e ganhe um brinde personalizado na marca". O seguidor/cliente, então, faz o post e sua mensagem chega a toda a base de amigos dele. Você está fazendo propaganda sem gastar, praticamente, nada. Essa atitude não gera apenas mídia, mas também vendas.

O mesmo acontece quando você usa o marketing de indicação. Nesse caso, o seu cliente é a sua mídia, pois, quando estimulado da maneira correta, ele fala da sua empresa, do seu produto e o indica para as pessoas certas. Ele também pode ser considerado um canal de vendas, já que, ao influenciar as pessoas certas, as vendas têm mais chances de acontecer.

Como mencionei no capítulo anterior, não há ninguém melhor do que seu próprio cliente para falar do seu produto. Lembre-se: quanto mais gente comentar a respeito da sua marca, melhor. E não importa o tamanho dela. De acordo com Rodrigo Noll,[89] os clientes indicam independentemente de a marca ser muito famosa ou reconhecida. O essencial é que ele goste do produto ou do serviço e encontre uma conexão entre os perfis do amigo e da marca. E mais: "Em empresas menores, o efeito da indicação é ainda maior, mais interessante. Isso porque entre os seres humanos existe algo que se chama moeda social. É como se a pessoa ganhasse crédito com a outra pela indicação que foi feita", conclui Noll.

---

89 *Rodrigo Noll em entrevista ao autor em 18 de abril de 2022.*

Não fique em cima do muro, assuma o seu posicionamento e não tenha medo de ser cancelado.

@alfredosoares

COMUNIDADE E MOVIMENTO

Mas como você vai trazer esse cliente para o seu lado? A resposta é simples: formando um exército de admiradores da sua marca. Para alcançar esse objetivo é fundamental pensar em movimento e comunidade.

Movimento é uma ação criada por uma marca para defender uma causa. O Bora Vender, por exemplo, é um movimento, pois defende a causa do varejo. O Acorda, Brasil!, promovido pela XP Investimentos, que alertava para a questão da conscientização financeira, é outro exemplo de movimento. Uma marca de cosméticos que possui o selo PETA, o qual comprova que ela não testa seus produtos em animais, também está encabeçando um movimento.

O movimento endossa uma atitude, faz a coisa acontecer e torna a marca menos copiável. Assim, a marca não é lembrada apenas pelo produto ou serviço, mas também pela causa que apoia. Quanto mais humana ela for, mais chances de engajar as pessoas ao redor. E uma audiência engajada nos movimentos aumenta as chances de surgirem as comunidades, que são grupos de pessoas com interesses em comum, que se conectam por algo.

Exemplo disso é o G4 Educação, que reúne indivíduos com o mesmo interesse que se tornaram fãs daquela agenda e de tudo o que aquelas pessoas reunidas oferecem. A Mitsubishi também faz parte desse movimento. A montadora criou eventos, passeios e rally de velocidade em circuito fechado, para mostrar todas as possibilidades do carro 4 × 4 da marca. O que era para ser apenas uma experiência, um movimento para se exaltar um estilo de vida e criar histórias inesquecíveis, foi se transformando ao longo do tempo e engajou uma comunidade apaixonada pela marca. "Virou uma nação. Os próprios clientes divulgam por conta própria, convidam outras pessoas, fazem esse boca a boca, eles viram quase que influenciadores da nossa marca", explica Letícia Mesquita Oliveira,[90] diretora de marketing da Mitsubishi Motors Brasil.

Mas, veja bem, as marcas não criam as comunidades, porém são incentivadas por elas. "Por meio das comunidades, criam-se oportunidades de troca de informações entre os membros, um

---

90 *Letícia Mesquita Oliveira em entrevista ao autor em 4 de abril de 2022.*

espaço em que eles aprendem e se conectam. Muitas empresas aproveitam essa reunião de pessoas com o mesmo interesse para gerar valor para elas e, em seguida, vender produtos para essa comunidade. Existem grandes negócios que nascem por meio das comunidades", conta Sabrina Nunes,[91] CEO da Francisca Joias e especialista em e-commerce.

Movimento é uma ação criada por uma marca para defender uma causa.

A Mitsubishi também não criou a sua comunidade, mas, a partir de seus eventos e de todo o propósito envolvido neles, como inscrição solidária com doação de cestas básicas e kits de higiene para a região onde o rally está acontecendo, doação de ovos de Páscoa, presentes no Dia das Crianças e a preocupação em zerar a emissão de carbono dos eventos, a montadora cria todo um ecossistema que encanta os participantes e dá ainda mais visibilidades para a própria comunidade.

Além disso, segundo me contou Letícia Mesquita Oliveira, existe um plano de comunicação para quebrar as bolhas e engajar ainda mais a sua audiência. "Queremos reter nosso cliente, e, pelas comunidades, melhoramos o nosso relacionamento. Podemos escutá-los, saber o que eles querem, conhecer suas dores, sempre de pessoa para pessoa. Isso nos ajuda muito mostrando as diretrizes para o nosso serviço", explica Letícia.

Essa aproximação com a audiência que as comunidades propiciam ajuda a monitorar as necessidades dos clientes, entender novas demandas, testar novos produtos e buscar soluções para as dores da audiência. É por isso também que a Aramis olha com atenção para as comunidades que surgem ao redor da marca. "Trabalhamos as diversas comunidades em torno da marca com o objetivo de nos conectarmos com esses diferentes grupos de pessoas, entendermos suas necessidades e desejos para sermos

---

91 *Sabrina Nunes em entrevista ao autor em 4 de maio de 2022.*

É sempre bom alertar que as comunidades têm vida própria, elas crescem organicamente.

cada vez mais relevantes. Hoje, interagimos com influenciadores, seguidores, consumidores e colaboradores numa relação de troca, gerando conversas que nos ajudam a criar estratégias, produtos e campanhas pertinentes para nosso público", conta Richard Stad.

Apesar de as comunidades serem formadas pelos clientes que já estão dentro de casa, e as marcas reconhecerem essa importância na sua retenção, como mencionou Letícia, da Mitsubishi, esse grupo de pessoas ainda exerce um papel forte na indicação de novos clientes. Eles se tornam fãs da marca a ponto de quererem ver essa comunidade crescer. E isso vira um círculo virtuoso para todos os envolvidos.

Ter uma comunidade bem formada é tão importante que a OAKBERRY pautou essa demanda desde a construção da marca. O produto, inclusive, foi pensado de modo a fortalecer essas comunidades. "É muito difícil ter uma empresa de sucesso se baseando só em qualidade, padrão ou preço. A única maneira de se diferenciar de verdade e criar um vínculo de comunidade com o consumidor é a marca. Então, criamos uma marca que pudesse fazer parte do dia a dia das pessoas não só enquanto elas estivessem consumindo o produto, mas também quando estivessem navegando no Instagram e quisessem postar o que estivessem comendo para mostrar que era algo saudável, bonito, legal e que tinha uma marca por trás disso. Elas não estariam tomando um açaí qualquer, mas, sim, um oak. Então nossa criação de marca passou por elaborar esse senso de comunidade, de pertencimento", conta Georgios Frangulis,[92] CEO e fundador da OAKBERRY.

---

92 *Georgios Frangulis em entrevista ao autor em 23 de agosto de 2022.*

Com presença em outros quarenta países, eles decidiram usar a mesma estratégia – criar uma marca forte que as pessoas tivessem orgulho em consumir – no processo de internacionalização. A prova de que a estratégia deu certo foi a presença da OAKBERRY no Super Bowl 2020, que aconteceu em Miami. Foi a primeira empresa brasileira a participar do evento. Além disso, a construção de marca no mercado estrangeiro foi tão forte que, em alguns países, oak virou sinônimo de açaí.

Georgios Frangulis conta essa história: "Alguns mercados não conheciam açaí e passaram a conhecer por causa da OAKBERRY. Na Arábia Saudita, por exemplo, eles têm certeza de que a tradução de açaí para o inglês é oakberry. Mas a palavra não significa nada, fui eu que a inventei". A empresa mostra como é importante ter fãs da marca no dia a dia. O que era para ser só um produto saudável, virou sinônimo de nome de fruta. Assim como palha de aço virou Bombril e iogurte virou Danone, a OAKBERRY conseguiu transformar o açaí em oak.

Porém, é sempre bom alertar que as comunidades têm vida própria, elas crescem organicamente. "A marca não controla o que se fala nela, não arbitra em nada. Nesse sentido, é preciso tomar cuidado com o produto e com o seu propósito. Se os membros identificarem algo que não está sendo entregue como a marca prega, podem se virar contra ela", alerta André Siqueira,[93] autor do livro *Máquina de aquisição de clientes*. É justamente aí que a concorrência pode entrar. Pense bem: o grupo apaixonado por um determinado produto já existe, basta que ele encante essas pessoas. Pior ainda quando a concorrência já está dentro da comunidade. Daí para ter a lista de clientes nas mãos é um pulo. Portanto, cuidado.

Você deve estar se perguntando: mas o que isso tem a ver com usar o cliente como mídia? É o seguinte. Quando você cria um movimento ou incentiva uma comunidade, está explorando um comportamento normal do ser humano, que é sentir-se parte de algo, seja de um grupo, seja de uma associação, de um clube e por aí vai. Somos seres sociáveis e todo mundo gosta de ser participativo, de mostrar o produto que comprou nas redes sociais, de

---

93 *André Siqueira em entrevista ao autor em 18 de abril de 2022.*

mandar para o portal de notícias ou para o programa de televisão aquela foto que captou de algum flagrante e de mostrar que apoia um movimento ou faz parte de uma comunidade.

Quanto mais forte for o seu movimento, maiores são as comunidades ao redor da marca. Por isso, observamos uma movimentação em que as marcas procuram as comunidades. **Uma marca sem comunidade não tem vida. É como construir uma cidade perfeita e não levar ninguém para morar lá.** Não há maneira mais poderosa de fortalecer a lealdade de uma marca se não for por meio das comunidades.

Uma pesquisa conduzida na Concordia Universit,[94] no Canadá, em 2013, identificou o fortalecimento dessa lealdade e como ela acontece. Tudo começa com o efeito positivo que as comunidades têm sobre o relacionamento do cliente com o produto, com a marca, com a empresa e até mesmo entre os próprios consumidores. Vira uma reação em cadeia:

---

94 *LAROCHE, M.; HABIBI, M. R.; RICHARD, M.-O. be or not to be in social media: how brand loyalty is affected by social media?* **International Journal of Information Management**, *v. 33, n. 1, p. 76-82, fev. 2013. Disponível em: https://www.sciencedirect.com/science/article/abs/pii/S0268401212000916. Acesso em: 10 maio 2023.*

Pare de focar o cliente e comece a entender qual é o foco dele.

@alfredosoares

Mas há comunidades que nasceram sem um movimento? Sim, porém o que elas tiveram antes foi um apelo gigantesco que fizeram com que as pessoas se unissem em torno delas. É o que acontece com grandes influenciadores. Eles se tornam referência ao unirem números gigantescos de seguidores. Com essa vantagem, conseguem construir as próprias marcas. É o caso da Bianca Andrade, a Boca Rosa. Ela surgiu na internet ensinando as pessoas a se maquiarem, mas cresceu tanto que, no lugar de fazer publicidade para marcas de make, criou a própria marca.

O que esse exemplo mostra é que, com movimento ou não, fomentar comunidades é parte essencial para conquistar verdadeiros fãs. Veja o que fazer, como marca, para incentivar essas comunidades:[95]

1 É fundamental que as marcas ouçam, considerem e deem retorno a sugestões, críticas e questionamentos dirigidos a elas, assim como criar ações de recomendação ou de defesa da marca.
2 As comunidades são um coletivo e devem ser tratadas de forma livre e autônoma. Para isso, é muito importante capacitar colaboradores, criar equipes de marketing de comunidade e gerenciar a sua comunidade. É preciso monitorar para garantir a satisfação do cliente.
3 Promova eventos, ações e campanhas exclusivos para a sua comunidade. Essa é uma maneira de valorizar o público que faz parte delas.
4 Defina valores e posicione-se: os consumidores buscam por marcas com as quais se identificam, ou seja, querem saber quais são as ideias e valores que estão na base da empresa. Não hesite em tornar conhecidas as visões e posicionamentos do negócio.

---

95 *POSICIONAMENTO de marca: o que é e como fazer marketing de comunidade.* **SEBRAE**, *26 jan. 2023. Disponível em: https://www.sebrae.com.br/sites/PortalSebrae/artigos/posicionamento-de-marca-o-que-e-e-como-fazer-marketing-de-comunidade,9c5cc88817fe5810VgnVCM1000001b00320aRCRD. Acesso em: 25 abr. 2023.*

Então, eu lhe pergunto: por que não aproveitar todo esse potencial na construção e no crescimento da sua marca? A descentralização da mídia permite que você use as comunidades, os movimentos, os meios tradicionais, o marketing de indicação, todo o potencial do digital para descobrir a melhor maneira de falar com o seu público.

As marcas devem aproveitar essas oportunidades para ter uma troca com a sua audiência e aumentar ainda mais o awareness, ou seja, a consciência que o consumidor tem delas. Isso significa fazer barulho, reverberar seu propósito e fazer com que mais pessoas falem do que a marca está fazendo. Quanto mais colocar isso na jornada do seu consumidor, mais lembrança da marca ele terá. Pense nisso!

6. TODOS SOMOS VENDEDORES

DOS EST
NDENDO

Certa vez uma equipe de vendedores de uma loja decidiu anunciar, com uma paródia musical, a oferta de um aparelho de televisão de 50 polegadas. Enquanto cantavam a letra adaptada mostrando o produto e o valor, eles dançaram uma coreografia atrapalhada pelos corredores da loja. O vídeo foi postado no Facebook da loja e foi um sucesso, obtendo mais de 300 mil visualizações. Só naquele fim de semana da oferta, o setor de televisores bateu 80% da meta mensal.

Você acha que isso foi feito em uma lojinha de uma cidade bem pequena ou de um pequeno comércio de bairro? Não. Essa foi uma ação do Magalu, realizada na cidade de Avaré, no interior de São Paulo. Só que não foi algo planejado pela equipe de marketing da rede, mas, sim, pela própria equipe da loja. E aí está o segredo do sucesso alcançado.

Esses vendedores souberam falar a linguagem dos seus clientes. Aquelas pessoas que eles conhecem bem e a quem queriam impactar diretamente. É bem pouco provável que o vídeo fizesse o mesmo sucesso se fosse veiculado em outra praça, como Rio de Janeiro ou uma cidade do Nordeste do país. Mas isso só foi possível porque o Magalu soube usar o *social selling* a seu favor. Nessa estratégia, as redes sociais são usadas como ferramenta para criar um relacionamento com o cliente, gerar valor, engajamento e networking com o objetivo de gerar vendas.

Ao postar o vídeo, o Magalu se aproximou ainda mais da sua audiência (o vídeo era real, mostrava as pessoas sem tratamento de imagem e com pouquíssima edição); criou engajamento nas

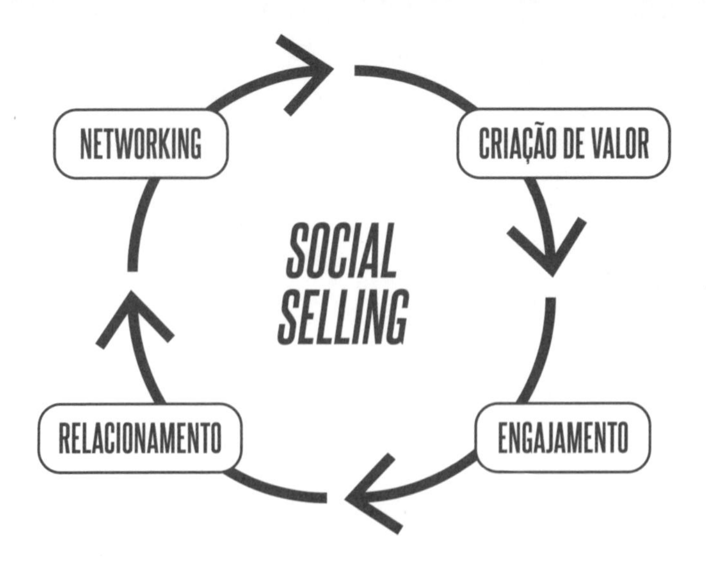

redes sociais e, por causa disso, o vídeo foi entregue para mais pessoas; e ainda criou um laço de confiança com o cliente, que soube que poderia ir à loja comprar o produto, pois o vendedor que o atende falava sobre isso.

E mais: gerou curiosidade. Todo mundo queria ir até a loja para ver aquelas pessoas que tinham viralizado. "O vendedor entende a demanda do consumidor, então pega o insight na hora e cria um vídeo, um conteúdo. Acompanhamos alguns vídeos feitos em loja, e os vendedores que têm mais desenvoltura gravam um anúncio em menos de dez minutos. A capacidade de agir, de acordo com o interesse do público, é imediata. Essa possibilidade de o vendedor acelerar uma estratégia de conteúdo muda o jogo", explica Fernando Cardoso, da Bornlogic,[96] empresa responsável pela solução que permite que cada loja do Magalu tenha seu próprio perfil e possa administrá-lo com autonomia.

Essa autonomia que o Magalu dá para as lojas trabalharem o *social selling* permite até mesmo criar uma estratégia de marketing diferente em cada região do país. Com a dimensão brasileira não faz mais sentido focar todo o plano de marketing em uma estratégia global.

---

96 *Fernando Cardoso em entrevista ao autor em 26 de agosto de 2022.*

E aí está o grande lance do *social selling*. De maneira rápida e barata – não é preciso mais do que um celular na mão – dá para criar um anúncio que foque a necessidade de uma região. Se faz calor no Nordeste, mas uma frente fria passa pelo Sul do país, por que não aproveitar a oportunidade e oferecer roupas de verão para um local e a coleção de inverno para o outro?

Olha só o que Magalu fez. Em 2018, enquanto o mundo acompanhava a Copa do Mundo que acontecia na Rússia, todas as campanhas publicitárias estavam voltadas para esse grande evento, é claro. Porém, a população de Goiânia, em Goiás, estava preocupada com uma frente fria atípica para a região. Por lá, mesmo no inverno, é normal as temperaturas encostarem nos 30 graus. Para aproveitar o momento, o foco dos posts das lojas da cidade foram as ofertas de cobertores e edredons. Essa mudança simples impactou diretamente a venda desses itens na cidade.[97]

FORÇA DE VENDAS

O que o Magalu fez foi usar a própria força de vendas a seu favor. A empresa apostou que vendedores que estão nas redes sociais e as usam como ferramenta de trabalho têm um volume maior de novos clientes e melhor conversão de vendas se comparados àqueles que não estão presentes nas redes sociais ou, se estão, não as usam para vender.

O mesmo fez a Reserva, que, durante a pandemia, até ofereceu cursos de marketing digital para que os colaboradores soubessem transformar seus perfis das redes sociais em um canal de vendas. Eles deixaram de ser apenas o João, a Maria, o Pedro que trabalhavam na Reserva. A partir daquele momento, em seus perfis, essas pessoas passaram a ser, por exemplo, o @joaodareserva.[98]

---

97 *MAGALOCAL: como o Magazine Luiza e o Facebook criaram uma comunidade de gerentes regionais para alavancar vendas.* **Facebook para empresas**, *1º nov. 2018. Disponível em: https://pt-br.facebook.com/business/news/magazine-luiza-facebook-inovacao. Acesso em: 4 jun. 2023.*

98 *COUTINHO, I. Na Reserva, mais do que nunca, somos todos vendedores.* **LinkedIn**, *16 abr. 2020. Disponível em: https://www.linkedin.com/pulse/*

Agora pense em uma loja física com vários vendedores andando de um lado para o outro esperando o cliente entrar. Por que não aproveitar essa força de vendas para operar no digital durante esse tempo? Esse vendedor pode postar em suas redes sociais as ofertas, novidades sobre os produtos, promoções, dar dicas de como usar os produtos ou pode mostrar um pouco do seu dia a dia na loja, usando o seu perfil pessoal mesmo.

No meu livro *Bora varejo*,[99] eu conto que uma vez entrei em uma loja, fui atendido, não comprei nada e, antes de sair, o vendedor me perguntou qual era o meu perfil no Instagram para me seguir. Olha só que maneira simples de praticar o *social selling*. Provavelmente ele nem sabia que estava criando uma estratégia de vendas, mas na sua maneira simples e intuitiva era exatamente isso que estava fazendo.

Outra maneira simples de colocar a estratégia em ação é ter um perfil nas redes sociais para cada loja ou filial e criar conteúdo relevante direcionado ao público local. Assim como acontece no perfil do vendedor, não há alguém melhor do que o gerente de loja ou qualquer outra pessoa que trabalha nela para falar com o público da região e mostrar do que esses clientes gostam.

O sotaque, o tom de voz, as gírias, tudo isso entra no pacote. A tática é melhor do que criar um perfil único da loja e fazer apenas posts institucionais. O raciocínio por trás disso é o mesmo de quando você vai montar a vitrine de uma loja. Os produtos expostos são escolhidos de acordo com o público que passa na frente do estabelecimento. O mesmo acontece com as redes sociais.

Porém, o que eu quero é ir além. O crescimento das redes sociais abre uma janela para outras oportunidades para o varejo. **Todos nos tornamos influenciadores.** Já pensou sobre isso? O Brasil possui 182 milhões de usuários na internet. Desse total, 152 milhões estão presentes nas redes sociais gastando 3 horas e 46 minutos por dia somente navegando nesse tipo de plataforma. A média global, só para fazer uma comparação, é de 2 horas

---

na-reserva-mais-do-que-nunca-somos-todos-vendedores-ian-coutinho/. Acesso em: 25 abr. 2023.

99 *SOARES, A.* **Bora varejo**. *São Paulo: Gente, 2020.*

e 31 minutos.[100] Então imagina o potencial que você tem em mãos quando aciona os seus vendedores, os seus gerentes, os influenciadores, os embaixadores da marca e até mesmo os seus clientes para ajudar a loja a vender.

O crescimento das redes sociais abre uma janela para outras oportunidades para o varejo.

Na era da descentralização da mídia e da web 3.0, essa força de vendas vem à tona quando o cliente posta em seu perfil a roupa nova que comprou e marca o @ da loja. Ou faz um post mostrando seu passeio no shopping e mostra que visitou a sua loja ou faz um review de um produto. Esse é um comportamento que também pode ser incentivado.

Ofereça a seus clientes um benefício – um brinde, um desconto na próxima compra – para que ele poste o seu produto e marque o seu @ nas redes sociais. Para fazer isso, não precisa de muito. Coloque um bilhete na embalagem dizendo: "Esperamos que você ame o seu produto. Vamos adorar ver você usando. Poste nas suas redes sociais, marque a nossa loja e ganhe um desconto de 10% na sua próxima compra".

Mas, claro, tudo isso exige planejamento. Fazer *social selling* não é só postar o que você acha que é legal. **É preciso falar o que interessa para o seu cliente.** Porém, há empresas que apostam apenas na parte institucional. Claro que focar na marca e/ou nos produtos é o mais importante, mas estamos em um momento em que as pessoas se interessam por mais que isso.

Lembra-se de que falamos da importância da humanização? Essa é uma boa oportunidade, portanto, para mesclar o institucional

---

100 *KEMP, S. Digital 2023 Brazil.* **Data Reportal**, *12 fev. 2023. Disponível em: https://datareportal.com/reports/digital-2023-brazil. Acesso em: 4 abr. 23.*

com o pessoal e colocar em prática a comunicação agnóstica.[101] Nesse caso, não há preferência em mostrar só produto ou só vida pessoal, mas tudo ao mesmo tempo. Um não substitui o outro.

As marcas estão cada vez mais buscando participar da vida das pessoas e essa é uma excelente maneira de humanizar e se fazer presente nesse cotidiano. Colocar os líderes como *reference voice*, como falamos no capítulo 4, é fazer a comunicação agnóstica rodar.

A comunicação do G4 Educação, por exemplo, é agnóstica, pois, além das notícias sobre os cursos e eventos, também usamos frases, pensamentos, dicas de gestão, falamos sobre empreendedorismo, varejo, comentamos as notícias interessantes do dia e mostramos um pouco da vida pessoal dos fundadores. É uma mistura que se aproxima da vida real e que, ao mesmo tempo, leva conhecimento sobre diversos assuntos pertinentes ao universo G4.

Na área da moda, Nati Vozza é um exemplo de quem trabalha bem esse conceito com a marca byNV. A empresária e influencer mostra em sua rede pessoal os seus looks com as peças da coleção, mas também fala de empreendedorismo feminino, lifestyle, coisas que gosta de fazer, compromissos do dia, viagens e até peças de outras marcas que ela gosta de vestir. É uma marca de roupas que funciona como uma central de informações.

Já o banco BTG Pactual também usa a comunicação agnóstica, porém com uma estratégia diferente. Nos canais do banco estão apenas as informações institucionais, como serviços e produtos oferecidos para pessoas físicas e jurídicas, dicas de investimentos e simulador de investimentos – nada diferente de outra instituição bancária. Já no portal da revista *Exame*, adquirido pelo banco no fim de 2019, e nas redes sociais do veículo entram as notícias de mercado, negócios, economia, tecnologia, carreira e outros assuntos. Mesmo em canais separados, a comunicação se complementa, embora sejam totalmente independentes.

---

101 *Comunicação agnóstica é uma abordagem na qual não se depende de uma única solução; agrega-se valor contando com soluções variadas sem que estejam sujeitas a uma conduta específica. (N.E.)*

CONVERSA EM TEMPO REAL

Agora imagine um cliente que está com um problema com o produto que adquiriu ou tem uma urgência gigante e precisa de uma entrega ultrarrápida. Se o único canal de contato que possui é o "fale conosco" do site ou o SAC telefônico, está na hora de melhorar esse atendimento.

Com a nossa presença cada vez mais frequente nos aplicativos de mensagens instantâneas, usar o conversation commerce[102] é cada vez mais necessário. Primeiro, porque 93,4% dos brasileiros que estão na internet possuem o WhatsApp instalado no celular. Segundo, pela própria agilidade do contato. Terceiro, porque os clientes não querem mais perder tempo navegando em um site para encontrar uma resposta de que precisam ou ficar esperando dias por uma resposta por e-mail.

"O conversation commerce é o saldo das marcas para entender a experiência do consumo digital de seus clientes, é ir além dos banners, trazendo calor humano, interações de pessoas que auxiliam na tomada de decisão de compra, tirando dúvidas, sugerindo opções e mantendo a base do que sempre foi a relação de compra e venda, que é o relacionamento", explica Fabio Biondo, COO da Syngoo.[103] Para ele, esse canal tem a possibilidade de combinar a tríade ideal. Primeiro, cria-se laços de proximidade, depois se constrói a confiança para então se transformar em uma transação comercial.

A C&A, por exemplo, tem oitocentas pessoas só no atendimento via WhatsApp. Em princípio, esse serviço era prestado pelos vendedores de loja. Porém, analisando o retorno dos clientes, a C&A viu que havia uma necessidade de ampliar esse trabalho. Daí veio a criação de uma equipe dedicada apenas ao atendimento via WhatsApp.[104] Além do atendimento ao cliente, essa equipe ainda colabora para a inovação nos processos. Segundo Ciro Neto, diretor

---

102 Conversation commerce *ou* conversational commerce *é qualquer conversa em tempo real entre marcas e clientes. (N.E.)*

103 *Fabio Biondo em entrevista ao autor em 26 de abril de 2022.*

104 *Ciro Neto em entrevista ao autor em 23 de março de 2022.*

de Desenvolvimento & Expansão da C&A Brasil, semanalmente a rede faz um teste de venda para analisar quais modelos se saem melhor por meio do aplicativo de mensagens.

Essa atenção especial que a C&A dedica ao WhatsApp se justifica. João Carlos Alves dos Santos, CEO da Cliqx, explica que as compras por meio de conversation commerce têm uma conversão de 60%. "Temos cinco tempos de compra: a pesquisa, a conscientização, a pesquisa de preços, a compra e o pós-compra. O conversation commerce permite fazer essas etapas todas de uma vez só, daí a conversão alta", diz.[105] O cliente já chega convicto para comprar.

Veja só como o conversation commerce age na jornada do cliente:

CONVERSATION COMMERCE NA JORNADA DO CLIENTE

PRÉ-VENDA		VENDA	PÓS-VENDA	
RECONHECER O PROBLEMA O consumidor vê o anúncio de um produto, se interessa e clica no botão "enviar mensagem no WhatsApp".	**CONSIDERAR A SOLUÇÃO** O consumidor é direcionado para uma conversa via WhatsApp com a conta da empresa. É iniciada uma conversa para entender a oferta.	**DECISÃO DE COMPRA** O cliente faz a compra pelo WhatsApp. O pagamento é feito por meio de um link que direciona o cliente para uma área financeira ou pelo WhatsApp Pay.	**ATENDIMENTO** Depois da compra, o cliente continua a usar o WhatsApp para tirar dúvidas. A loja usa o canal para informar sobre a entrega e prestar um atendimento personalizado.	**RETENÇÃO** A loja usa o WhatsApp para enviar novidades, ofertas exclusivas e cupons de desconto para o cliente.

---

105 *João Carlos Alves dos Santos em entrevista ao autor em 4 de abril de 2022.*

Para que as marcas sejam mais responsivas, porém, é preciso jogar com a tecnologia a seu favor. Um suporte avançado – SAC 3.0 – é a melhor maneira de agilizar esse atendimento, seja para sanar uma dúvida, seja para realizar uma venda, via WhatsApp, via chat ou qualquer outro meio, desde que a resposta seja imediata. Personalizar o atendimento também é uma tendência. Por meio das interações do cliente nas redes sociais da loja, nas lives e nos contatos anteriores é possível montar um catálogo virtual já com as suas preferências. Assim, quando for acionada via WhatsApp, a loja oferecerá ao cliente um menu com tudo aquilo em que ele tem interesse. É o encontro de relacionamento, bom atendimento e produtos certos.

Para que as marcas sejam mais responsivas, porém, é preciso jogar com a tecnologia a seu favor.

Se você ainda acha que isso é um custo, está na hora de entrar de vez na nova era. Investir em um bom suporte, em plataformas de atendimento e de omnichannel que usam inteligência artificial cruzando dados para aprimorar a experiência do cliente e preparar melhor o time é um investimento para a sua empresa.

Imagina só o prejuízo que sua marca terá se um consumidor tentar contato e não conseguir e resolver expor o caso nas redes sociais? Ou se ele tiver uma conversa considerada inadequada com um colaborador? Se sentir desprestigiado? Lembre-se de que esse descontentamento pode ser compartilhado em larga escala, viralizando experiências ruins com marcas em seus canais de atendimento. Quando isso acontece, toda a sua estratégia de marketing, o seu funil de vendas, o seu *social selling* vão abaixo. Portanto, não basta mais se comunicar. Toda a comunicação tem que estar centrada em um relacionamento.

“O consumidor já experimentou milhares de ofertas, cujo acesso está na palma da mão. Não ter um canal adequado para atendê-lo com jornada, métricas e dados vai levar a atendimentos e experiências rasos que são rapidamente identificados pelo cliente como despreparo”, alerta Fabio Biondo.

O seu cliente quer falar, quer ser ouvido, quer ter uma resposta rápida. “Oi, tudo bem? Você precisa de algo?” deve fazer parte da rotina das marcas, as quais **precisam aprender a flertar com o cliente para incentivar conversas mais francas e interessantes.**

O *SOCIAL COMMERCE* E O *LIVE COMMERCE*

Se o *social selling* instigou o seu cliente a comprar, agora é hora de continuar a jornada e finalizar essa compra. Apesar de a venda não precisar acontecer on-line, quanto mais pontos de contato você oferecer para esse cliente, mais fácil a compra acontecerá.

Pense bem: ele já está com o celular na mão, navegando pelas redes sociais, então aproveite essa deixa e coloque o *social commerce* em ação. Nessa estratégia, o comércio é feito dentro das plataformas de redes sociais ou pelos aplicativos de mensagens, como a C&A faz com o seu WhatsApp.

Se a sua ideia é usar as redes sociais, as próprias plataformas dão uma ajuda para facilitar o seu serviço. O Instagram, por exemplo, possui uma aba chamada “Loja” que permite cadastro de produtos direto na plataforma. O cliente clica e consegue abrir uma janela que remete à compra. E o TikTok tem o TikTok Shopping, que auxilia usuários na descoberta de marca e na aquisição dos produtos e serviços. Também dá para vender pelo Telegram, por grupos fechados dentro das plataformas de relacionamento. Não há motivo para perder esse cliente que já está com você.

Os chineses são bem experientes no *social commerce*. Plataformas como Taobao e Xiaohongshu e outras faturam, juntas, mais de 400 bilhões de dólares/ano em vendas.[106] Porém, eles popularizaram também a *live commerce*, que é a venda que acontece durante

---

106 *THE FUTURE of shopping and social commerce.* **Accenture**, *2 jan. 2022. Disponível em: https://www.accenture.com/us-en/insights/software-platforms/why-shopping-set-social-revolution. Acesso em: 20 jan. 2023.*

uma transmissão ao vivo. Pode ser no YouTube, no Instagram, no Facebook, dentro de um site ou até mesmo em um canal de TV.

Para ter uma ideia, 50 mil transmissões foram realizadas em média em 2020 só na China[107] e, em 2021, uma live de doze horas comandada por dois streamers chineses bem conhecidos por lá arrecadou 3 bilhões de dólares.[108] No *live commerce*, enquanto uma pessoa – que pode ser uma celebridade, um influenciador ou o dono da marca mesmo – vai mostrando os produtos e mediando as conversas ao vivo, o consumidor pode adquirir os produtos por meio de um QR Code ou por uma vitrine virtual que aparece na tela. Só é necessário clicar no produto, escolher o tamanho e colocá-lo no carrinho de compras. Ao final da live, ele finaliza o pedido.

Bernardo Dinardi, fundador da Oli, plataforma de tecnologia, estratégia e conteúdo para *live commerce*[109], ensina que há três formatos de *live commerce*, que são:

1. *one-to-many:* transmissão para milhares de pessoas;
2. *one-to-few:* transmissão para poucas pessoas com um olhar mais segmentado;
3. *one-to-one:* transmissão realizada para uma pessoa, exclusivamente.

Independentemente do formato, o grande barato da *live commerce* é a interação imediata com os apresentadores. Ficou com alguma dúvida? É só mandar mensagem. Quer que a pessoa experimente um produto específico? Dá para pedir na hora também. Quer testar uma combinação de cores diferente? É só pedir.

É quase uma experiência presencial em um ambiente on-line. Por isso é que as *live commerce* de moda são as que mais atraem espectadores. O cliente consegue ver, na hora, o caimento da peça,

---

107 *REGINATTO, G. Live commerce: a próxima grande evolução do e-commerce.* **Exame**, *8 jun. 2021. Disponível em: https://exame.com/bussola/live-commerce-a-proxima-grande-evolucao-do-e-commerce/. Acesso em: 20 jan. 2023.*

108 *THE FUTURE. op. cit.*

109 *Bernardo Dinardi em entrevista ao autor em 24 de agosto de 2022.*

o corte, como se encaixa em corpos diferentes. "Isso implica até a logística reversa. As vendas em *live commerce* reduzem a devolução e a troca, pois a decisão de compra do usuário é mais assertiva. Ele analisou a peça antes, viu como ela fica no corpo", conta Bernardo Dinardi.

Para João Carlos Alves dos Santos, CEO da Cliqx, essa é uma excelente ferramenta para deixar a venda pela internet mais atraente. "O e-commerce é um ambiente frio. O cliente não consegue tirar dúvidas, não consegue conversar com quem está vendendo. E o consumidor tem a necessidade de contato humano. Então, a *live commerce* permite ir para esse lado de ser ouvido, de afeto. É um misto de oferecer a oportunidade de contato com a praticidade de comprar", diz ele.

Essa também é uma excelente oportunidade para fortalecer a sua marca mostrando seus pontos fortes. Para isso, porém, o apresentador tem que ser escolhido a dedo. Quanto mais ele entender do produto, se apropriar da cultura da empresa e se encaixar com o seu público, maiores serão as chances de esse consumidor criar um relacionamento mais forte e longevo com a sua marca.

Outra vantagem das lives é aumentar as vendas e o ticket médio. Cupons de desconto, oferta relâmpago, promoções exclusivas para quem a estiver assistindo funcionam muito bem, pois acionam dois gatilhos ao mesmo tempo: o de urgência e o de escassez. A pessoa sente que precisa comprar aquele produto imediatamente, pois pode ser que não esteja disponível se deixar para adquirir mais tarde.

Por aqui, a prática ganhou corpo durante a pandemia e, de lá para cá, só vem crescendo. John John, C&A, Riachuelo, Tok&Stok, Dafiti, Magalu, Wella foram algumas marcas que promoveram transmissões ao vivo para vender seus produtos. A influencer Virginia Fonseca, com a sua marca de maquiagem We Pink, também fez história com uma live de treze horas, que aconteceu em abril de 2023, em que faturou R$ 22 milhões.[110]

---

110 *MIATO, B. 'Live shopping': o método que fez Virgínia comemorar um faturamento de R$ 22 milhões em 13 horas.* **G1**, *25 abr. 2023. Disponível em: https://g1.globo.com/empreendedorismo/noticia/2023/04/25/live-shop-*

Mas não são somente as grandes marcas ou influenciadores que conseguem transformar a sua popularidade em milhões de reais. Existem milhares de pequenos e médios empreendedores que também podem usar a influência que têm sob seus clientes para ganhar dinheiro. Como apontou o relatório de tendência da Accenture, em vez de um punhado de grandes varejistas e marcas vendendo para mercados de massa de milhões, agora vemos milhões de indivíduos e pequenas empresas vendendo uns aos outros dentro de um vasto ecossistema de *social commerce*.[111]

Como entrar nessa onda? Você pode marcar uma live na rede social e ir apresentando o seu produto, vestindo-o ou mostrando como se usa, falando sobre os atributos e os preços, e de dentro da sua própria loja. Quem estiver assistindo à live demonstra o interesse pelos comentários, um vendedor entra em contato com a pessoa pelo WhatsApp e a venda acontece ali. Ou pelo direct do Instagram. O importante é não perder a oportunidade de vender.

E OS RESULTADOS?

Até aqui, você já deve saber que na era digital todos os passos são calculados a partir de dados. Portanto, a sua estratégia de *social selling* também precisa se basear nesses números para saber se está dando certo, o que deve ser mudado, o que dá mais resultado e assim por diante. Por exemplo, para o seu público dá mais resultado postar um vídeo ou uma imagem estática? Postar pela manhã ou à noite? Fazer lives? Criar um grupo no WhatsApp ou no Telegram? Enfim, as opções são muitas. Você vai criar as estratégias, mas quem vai comandar esse barco mesmo é a sua audiência.

Uma marca pode definir a sua estratégia ou comprovar se ela está dando certo calculando, por exemplo, a taxa de engajamento nas postagens. Isso significa saber quantos dos seus seguidores se envolvem com a publicação. Para isso, divida as interações (reações + compartilhamentos + comentários + cliques) pelo alcance, e multiplique o resultado por 100 para achar o percentual. No en-

---

ping-o-metodo-que-fez-virginia-comemorar-um-faturamento-de-r-22--milhoes-em-13-horas.ghtml. Acesso em: 25 abr. 2023.

111 *THE FUTURE. op. cit.*

tanto, você pode fazer adaptações. Dividir a interação pelo seu número de seguidores, por exemplo, e você achará o engajamento daquele grupo que o segue. Ou pode analisar as visualizações de uma postagem para saber o awareness da marca, isto é, o quanto as pessoas a conhecem.

Já o NPS pode dar um sinal da reputação da sua marca. Quanto mais notas 9 e 10 tiver, mais bem conceituada sua marca na audiência. Notas abaixo de 6 significam que seus clientes estão insatisfeitos (são os detratores) e entre 7 e 8 são aqueles que não estão satisfeitos, mas também não estão insatisfeitos. São os neutros. Assim como os detratores, ter consumidores neutros é péssimo para o seu negócio.

O número de conversões de vendas também é uma métrica a ser avaliada. Assim como o de recompras realizadas pelo cliente. Essas métricas impactam diretamente na capacidade de extração de valor da audiência. Além de definir a linha da sua comunicação, podem até mesmo decidir a sua próxima coleção. Na era da tecnologia, tudo é fonte de informação, e se torna fundamental na construção da sua marca.

A CULTURA DO CANCELAMENTO

Estar tão presente nas redes sociais, criar uma comunicação própria, ser ousado, mostrar ideias genuínas, ser você mesmo, dar autonomia para que o vendedor poste sobre os produtos e a loja, tudo isso é uma maneira de se aproximar do público. No entanto, existe um risco: a marca fica exposta ao cancelamento.

A cultura do cancelamento, ato em que os usuários criticam com severidade uma celebridade, um influencer ou uma marca por atitudes que reprovam, pedindo seu boicote, vem crescendo muito. Essas críticas podem arruinar em poucas horas todo o processo de construção de marca e de autoridade que vem sendo construído há anos. Falamos um pouco sobre isso no capítulo 4. Mas o que fazer? Tentar minimizar os erros, manter uma comunicação responsável e seguir adiante.

Apesar de ser, sim, uma gestão de crise que precisa ser contornada, os departamentos de marketing já não se assustam mais com a possibilidade de serem cancelados como acontecia antigamente. Um estudo realizado pela consultoria Forrester nos Estados Unidos mostrou que 57% dos executivos de marketing de empresas *direct-to-consumer* acreditam que os possíveis impactos de um cancelamento ou um boicote, caso ocorram, não afetarão as vendas de uma marca. Entre os executivos, esse número é bem parecido: 59% dos que participaram do estudo não acreditam que algum cancelamento afetará a sua marca.[112]

Ou seja, todo mundo que se expõe corre esse risco. Se um dia isso acontecer, mais importante é saber a maneira como vai atuar junto à situação. Assumir o erro, pedir desculpas, corrigir os processos, lidar com os danos, tudo isso é levado em consideração. Esse comportamento é determinante e mostra o quanto a marca é boa, afinal 41% dos clientes voltariam a consumir de uma marca que pediu desculpas e admitiu que errou.

Repare no exemplo da Reserva. A marca tem uma comunicação bem ousada com o seu cliente. É só dar uma volta nas redes sociais que você percebe esse tom. Ela já errou? Já foi cancelada? Sim, e não foi apenas uma vez. Mas soube vir a público, reconhecer seu erro, pedir desculpas e mesmo assim continuar a ser genuína. Ela virou o jogo.

O Bradesco também já passou por isso e precisou vir a público para comunicar como lidaria com a situação. O caso aconteceu em 2021, quando a instituição bancária lançou um aplicativo em que os usuários poderiam calcular sua pegada de carbono. O problema é que o material publicitário divulgado colocava três influenciadoras dando dicas de como reduzir esse impacto, e a principal delas era reduzir o consumo de carne, reservando um dia da semana somente para comer pratos vegetarianos.

No vídeo, as meninas ainda alegam que a criação de gado contribui para a emissão de gases do efeito estufa. A campanha pegou mal no setor de agronegócio, que publicou críticas pesadas à campanha alegando que a pecuária brasileira não poderia ser colocada como a principal responsável pela crise ambiental. Diante do mal-

---

112 *"CULTURA do cancelamento" não preocupa a maioria das marcas.* **Meio&Mensagem**, *11 jan. 2022. Disponível em: https://www.meioemensagem.com.br/comunicacao/cultura-do-cancelamento-nao-preocupa-a-maioria-das-marcas/. Acesso em: 4 jun. 2023.*

Quem decide ser morno, não inovar, manter um relacionamento superficial com o cliente toma a pior decisão.

-estar, o banco determinou a remoção do material de suas redes e publicou uma carta aberta ao agronegócio demonstrando apoio ao setor e afirmando que tomaria medidas internas severas em razão do ocorrido.[113]

Essa é a nova dinâmica da construção de negócios. **Quem decide ser morno, não inovar, manter um relacionamento superficial com o cliente toma a pior decisão.** Lembre-se: ficar em cima do muro é muito ruim para os seus negócios. Crie o próprio posicionamento, confie no seu propósito e não tenha medo de ser cancelado. Quanto mais genuíno for o seu propósito, mais chance a sua empresa tem de se recuperar e se reerguer.

O alcance das redes sociais e o poder conquistado pelos usuários por meio dessas plataformas exigem que as marcas criem um relacionamento com seus clientes e seus potenciais clientes, os leads.

Humanização, experiências, autoridade, tudo aquilo de que falamos nos capítulos anteriores faz ainda mais sentido. Hoje, qualquer pessoa pode ser influencer e vender – ou arruinar – o seu produto. O que determinará o sucesso de uma marca será a sua capacidade de estar próximo do seu cliente. Você vai deixar passar essa oportunidade?

---

113 *GAVRAS, D. Bradesco se desculpa com agro por vídeo que defende reduzir consumo de carne.* **Folha**, *29 dez. 2021. Disponível em: https://www1.folha.uol.com.br/mercado/2021/12/bradesco-se-desculpa-com-agro-por-video-que-defende-reduzir-consumo-de-carne.shtml. Acesso em: 4 jun. 2023.*

O Brasil é gigante! A sua marca pode ter mais de um sotaque.

@alfredosoares

7.
O PODER DA INFLUÊNCIA NAS VENDAS

O valor de ser influente sobre um determinado grupo de pessoas não é novidade. O novo é que esse conceito foi se modificando ao longo do tempo e, hoje, pode ser usado pelas empresas para se aproximar da audiência e, consequentemente, vender mais.

Vamos lá. Na sociedade, sempre existiram as pessoas mais influentes. A diferença é que, antes, a influência era regional, limitada ao seu círculo mais próximo. Influenciava-se familiares, amigos, vizinhos da rua em que morava e, com muito esforço, o bairro em que vivia. Isso mudou, porém, com o alcance da comunicação. Rádio, televisão e jornais passaram a ditar as figuras mais influentes. Quem aparecia na TV era considerado importante, e suas opiniões eram levadas em consideração pela maioria dos espectadores.

Essa foi a dinâmica dominante até as marcas descobrirem como usá-la. E é sobre isso que vamos falar neste capítulo. Cientes da importância de contar com o apoio das pessoas e de serem reconhecidas como autoridade, elas mesmas se tornaram influentes.

Ao longo do tempo, a influência foi construída e aumentada pelas próprias empresas. Para entender o que estou falando, faça uma viagem de volta no tempo e veja como a publicidade só era acessível para as grandes empresas. Elas eram as comunicadoras, ditavam moda, manias etc. Os veículos de comunicação eram apenas os de distribuição da influência. Quer um exemplo? Pense no cigarro Marlboro.

Graças às propagandas em que o personagem principal era um caubói personificado como o Marlboro Man, o ato de fumar foi associado à elegância, poder, vigor e coragem. Durante muito tempo, o fabricante conseguiu "incentivar" o consumo dos cigarros com esse apelo. Depois, aumentou ainda mais o seu poder de influência associando à marca aos esportes. O principal deles foi a Fórmula 1, ao se tornar patrocinadora do evento. Quem não se lembra do McLaren vermelho e branco pilotado por Ayrton Senna?

Temos outro exemplo na revista *Playboy*, cujo fundador Hugh Hefner, com sua vida de luxo, glamour e luxúria, ditava o que era ser um *bon vivant* nos anos 1970 e 1980.

Ao longo do tempo e com a ascensão das redes sociais, porém, esse cenário mudou. A influência deixou de ser exercida somente pelas empresas e passou a ser dividida com pessoas, que se transformaram em veículos de comunicação.

O resultado disso tudo é uma publicidade muito mais pulverizada, com mais opiniões, mais democrática e humanizada. As marcas continuam o seu trabalho de trazer tendências, mas descobriram que, ao se unir a essas pessoas – os influenciadores ou influencers –, podem aproveitar a autoridade para aumentar engajamento, awareness e as vendas.

UMA POTÊNCIA CHAMADA INFLUENCERS

No livro *Marketing 4.0*[115], Philip Kotler, Hermawan Kartajaya e Iwan Setiawan dizem que a maioria das decisões pessoais de compra será essencialmente uma decisão social. As pessoas querem saber o que as outras acham de determinado produto ou marca e, pelo fato de os influenciadores conseguirem se conectar com uma audiência que compartilha de valores e visão de mundo semelhantes, isso os torna parceiros muito relevantes. Olha só este dado: uma pesquisa mostrou que 56% dos consumidores que têm entre 18 e 44 anos compram um produto depois de ver um influenciador usando-o.[116]

---

115 *KOTLER, P.; KARTAJAYA, H.; SETIAWAN, I.* **Marketing 4.0:** *do tradicional ao digital. Rio de Janeiro: Sextante, 2017.*

116 *LAI, S. 56% Of People Have Purchased A Product After Seeing An Influencer. ION. Disponível em: https://www.ion.co/trust-in-influencer-marketing-izea. Acesso em: 15 maio 2023.*

Ao longo do tempo, a transformação do marketing acompanhou a própria transformação do mercado de influenciadores. Enquanto no início dos anos 2000 os blogs ainda eram vistos como páginas pessoais, o amadurecimento das redes sociais fez dessa ferramenta e de seus criadores, os blogueiros, canais profissionais. Inúmeros influenciadores digitais surgiram em nichos distintos, falando dos mais variados temas, e se tornaram nomes de peso no mercado. Essa mudança foi tão exponencial e relevante que esse mercado movimenta milhões por ano.

Aos poucos, essas pessoas passaram a ser celebridades, veículos de comunicação, veículos de influência e – por que não? – de vendas também. Marcas deixaram de ser os únicos influenciadores da população, e pessoas se tornaram marcas que exercem influência social.

Daí surgiram nomes de peso como Camila Coelho, Mariana Saad, Lelê Saddi, Camila Coutinho e tantos outros que entenderam que poderiam deixar de ser apenas alguém vendendo os produtos de outras pessoas e criaram a própria linha. Ou seja, deixaram de ser apenas blogueiras e se tornaram marcas também.

A Lelê Saddi, por exemplo, trabalhava no departamento de marketing da Daslu e começou com um blog dentro da página dessa loja de luxo em 2009, sem qualquer pretensão. Ela se deu conta de que não era mais uma blogueira, e sim uma marca, sendo, um ano depois, procurada para cobrir eventos e divulgá-los no blog, para fazer posts, para comprar banners do site.

"Eu comecei a entender que o meu hobby poderia começar a virar um business. Hoje, possuo uma holding de agências, o Grupo Pop, em que temos uma agência de comunicação em que trabalhamos com marcas de moda, saúde, beleza e consumo de maneira geral, e um braço em educação com cursos e mentorias", explica Lelê Saddi.[117]

Para ela, uma das suas vantagens é ter nascido na era digital, enquanto as marcas e agências de comunicação precisaram se tornar digitais. "Um influenciador tem um papel fundamental na hora de criar desejo e gerar awareness. Então, nada melhor do que ter um time de influenciadores na hora de criar

---

117 *Lelê Saddi em entrevista ao autor em 18 de abril de 2022.*

uma marca do zero. Eles ajudam a disseminar o negócio que está começando."

Esse poder de ajudar a criar uma marca se dá ao mesmo passo em que os influenciadores estão cada vez mais presentes na vida dos consumidores. No Brasil, principalmente, eles têm exercido mais poder sobre as decisões de compra dos consumidores. Veja o gráfico abaixo:[118]

A INFLUÊNCIA DOS INFLUENCIADORES

Parcela de entrevistados nos países selecionados que compraram produtos por recomendação de celebridades ou influenciadores

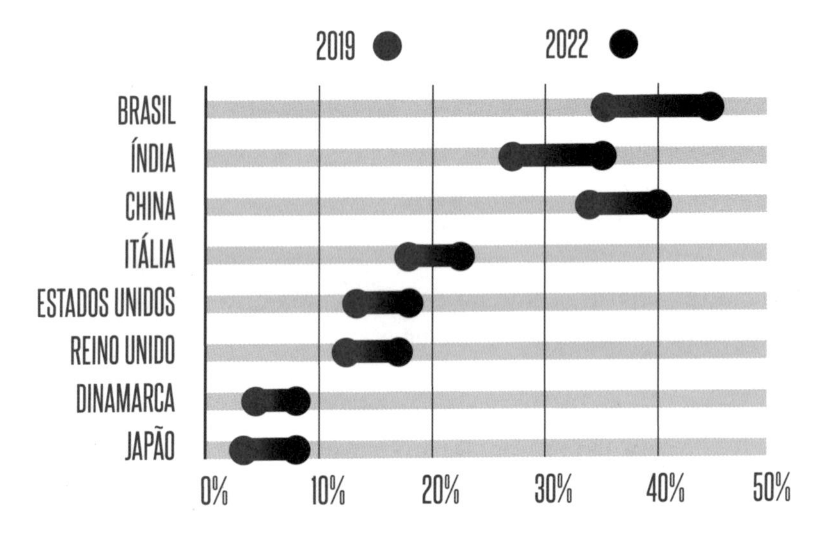

1.000–7.600 entrevistados (18–64 anos) por país, data da pesquisa: 17 nov.–19 maio/21 abr. – 22 mar. Fonte: Statista Global Consumer Survey

Segundo a pesquisa global da Statista, no Brasil a influência de instagramers, youtubers e afins está em uma tendência de alta. Repare que, em 2019, cerca de 35% da população brasileira era impactada pelas publicidades feitas pelos *creators*. Em 2022,

---

118 *BUCHHOLZ, K. The Influence Of Influencers.* **Statista**, *3 jun. 2022. Disponível em: https://www.statista.com/chart/24933/share-of-respondents-saying-they-purchased-something-because-of-influencers/. Acesso em: 2 fev. 2023.*

esse número saltou para 45%.[119] Somos, definitivamente, o país dos influenciadores digitais.

Somos, definitivamente, o país dos influenciadores digitais.

Algumas pesquisas dizem que há 500 mil influenciadores no país, outras falam em milhões. Esse número, porém, é difícil de se definir, visto que ele muda a todo momento e cada pesquisa usa uma referência diferente na apuração. Há aquelas que consideram influenciadores apenas os perfis com mais de 100 mil seguidores. Outras consideram a partir de 10 mil.

Porém, não precisamos de nada disso para acreditar no poder da influência. Seja 10 mil, seja 1 milhão de seguidores, todas essas pessoas exercem influência absurda sobre a sua audiência. Uma pesquisa mostrou que 72% dos consumidores confiam mais em uma empresa depois que ela é recomendada por um influencer, e 92% confiam em avaliações de influencers em vez de anúncios clássicos com recomendações de celebridades.[120] E por que isso acontece?

Por uma razão muito simples: eles entendem a sua audiência e falam a mesma língua dela, estão nos mesmos lugares, mostram-se reais para ela. E essa audiência, sentindo-se próxima a eles, confiam no que dizem e, consequentemente, nos produtos que usam e anunciam.

Aí está o motivo pelo qual o marketing de influência cresce tanto no Brasil. "O principal objetivo dessa estratégia é criar uma ponte entre a marca e o público daquele influenciador com o qual existe uma relação de confiança e credibilidade", explica Marce-

---

119 *Ibidem.*

120 *INFLUENCIADOR digital se consolida como profissão do agora e do futuro.* **Meio&Mensagem**, *12 ago. 2022. Disponível em: https://www.meioemensagem.com.br/patrocinado/mynd/influenciador-digital-se-consolida-como-profissao-do-agora-e-do-futuro. Acesso em: 4 jun. 2023.*

la Rezende, VP de marketing da MadeiraMadeira. O marketing de influência ganhou uma importância tremenda, e aposto que nos próximos anos as marcas vão precisar construir as próprias plataformas de influência.

PIRÂMIDE DE INFLUÊNCIA

Por isso, eu digo que dos grandes influenciadores aos nanoinfluenciadores, passando pelos microinfluenciadores, todos podem contribuir de alguma maneira para o seu negócio. Tudo vai depender da sua estratégia.

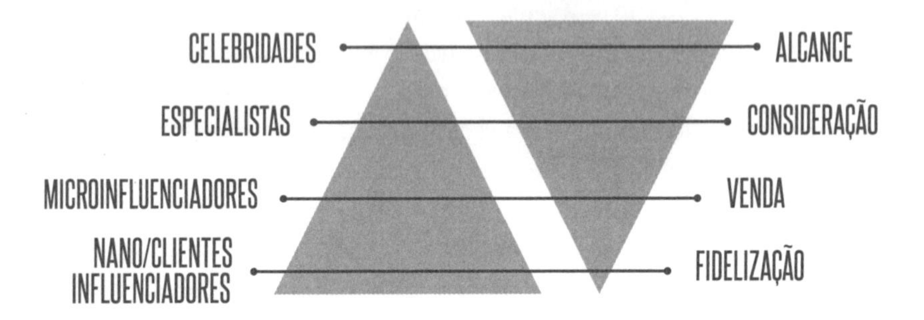

Se a sua intenção é aumentar o alcance, ou seja, gerar o máximo de visibilidade para a sua marca, o ideal é usar celebridades (mais de 1 milhão de seguidores) ou megainfluenciadores (a partir de 500 mil seguidores). Nesse cenário, o principal objetivo não é vender, embora algumas compras por impulso possam acontecer, mas, sim, aumentar a consciência da solução que a sua marca oferece.

A seguir, temos a etapa da consideração. É quando o consumidor avalia que o seu produto atende às expectativas para solucionar a dor dele. O uso de especialistas costuma gerar bons resultados. Além dos conteúdos, aproveitar a autoridade do especialista é interessante ao mostrar o produto, seus detalhes e como ele funciona.

Agora que o consumidor criou consciência e descobriu que a solução é a ideal para ele, está na hora de transformar todo esse trabalho em conversão. Isso significa vender o seu produto. Aqui, uma boa estratégia é usar os macroinfluenciadores (com mais de 100 mil seguidores) ou microinfluenciadores (de 10 mil a 100 mil seguidores), pois é muito comum o consumidor se sentir mais próximo a esse tipo de influenciador do que dos grandes. Nesses casos, a identificação é mais rápida e o "se ele usa esse produto, eu também posso usar" é maior. Não existe a barreira do "isso é muito caro para mim". Maior será o desejo de compra quando esse microinfluenciador fizer posts usando o seu produto ou dando dicas de como utilizá-lo.

Já os nanoinfluenciadores (com mais de mil seguidores) ou os próprios clientes entram na fase de fidelização. Temos aqui a etapa em que as experiências com a marca são compartilhadas. Quanto mais pessoas falarem da sua marca ao mesmo tempo, melhor será. É como se fosse um combustível para reiniciar a pirâmide, gerando, portanto, awareness.

A conclusão é que na hora da influência você tem que olhar para esses influenciadores e contar com a ajuda deles de acordo com a jornada que quer formar. Pense estrategicamente; se fizer um trabalho bem-feito, ele vai se transformar em uma ferramenta de conversão, tanto de uma etapa da jornada para outra quanto para conversão em vendas.

Você pode também optar por trabalhar com apenas um influenciador que a seu ver cumpre a jornada de maneira mais completa, entregando mais resultado. Ou ainda contratar vários microinfluenciadores e nanoinfluenciadores que, juntos, formam um canal de vendas.

As estratégias são inúmeras. Você só precisa ficar de olho na jornada e testar como a audiência recebe essa pessoa e as conversões resultantes desse trabalho.

EMBAIXADORES, AFILIADOS E PROMOTORES

Ainda que na pirâmide de influência o foco seja o trabalho dos influenciadores, o marketing de influência vai muito além deles. Lembre-se: meu objetivo aqui não é ensinar a trabalhar com influenciadores, mas, sim, criar influência. Ter influenciadores no seu negócio é só uma parte desse trabalho. Na sua estratégia talvez seja interessante considerar, em algum momento, trabalhar com embaixadores, afiliados e multiplicadores. Veja a diferença existente entre eles:

INFLUENCIADOR

é aquele que tem autoridade sobre determinado assunto e que vai distribuir a comunicação da marca. Ele forma opinião e influencia a sua audiência. Por isso, é muito procurado quando uma marca precisa constituir uma nova audiência.

EMBAIXADOR

é o indivíduo que representa a sua marca e tem uma relação de longo prazo com a empresa. Funciona como se fosse um porta-voz. Ele humaniza a sua marca para que ela se relacione com seus clientes por meio de produção de conteúdo ou participação em eventos.

AFILIADO

é a pessoa que promove produtos ou serviços de empresas e é comissionada de acordo com as vendas ou conversões geradas por meio de um link de afiliado. É uma ferramenta de tráfego, alcance e vendas.

MULTIPLICADOR

é quando você transforma o seu cliente em um promotor do seu negócio, incentivando-o a chamar mais pessoas para os seus eventos, para conhecer seus produtos. O multiplicador tem o papel de gerar leads e não de promover vendas.

O uso adequado de cada um vai depender da sua estratégia e em que ponto da jornada você quer trabalhar. Se a ideia é criar audiências e aumentar o alcance, os influenciadores funcionam muito bem. Por exemplo, você já tem alcance em São Paulo, mas precisa melhorar no Rio Grande do Sul, então pode usar influen-

Seu cliente é seu principal influenciador.

@alfredosoares

ciadores locais para ajudar nessa estratégia. É um trabalho de curto prazo, pontual, mas que costuma dar muito resultado.

Ainda se fala pouco nos afiliados. Como você viu no quadro da página 146, trata-se de um indivíduo que vende produtos ou serviços por meio de um link e é comissionado por isso. Ou seja, a cada venda realizada, o dono do produto remunera o afiliado. Ele também pode ser remunerado ao direcionar o usuário para uma ação específica, como se cadastrar em um feed. Para mim, o mercado de afiliados é a digitalização do antigo método de vendas porta a porta.

Estima-se que esses programas representem apenas 5% dos investimentos em mídias digitais no Brasil. Mas a expectativa é que atinjam 20% até 2026.[121] Por esse potencial, eles podem ser canais bem interessantes para o seu negócio. Grandes marcas já trabalham com esse tipo de estratégia: C&A, Renner, Amazon, Eduzz, Hotmart. Sem contar as plataformas que impulsionam vendas com afiliados, como a Monetizze.

Essa pessoa não precisa ter audiência própria, basta conseguir divulgar seu link de afiliado em sites (seja no seu próprio, seja no de terceiros), blogs, redes sociais ou em outros canais de marketing digital. Quanto maior for essa divulgação, mais chances ele tem de vender e receber uma comissão. Assim, na prática, um influenciador pode também trabalhar como afiliado, utilizando a sua audiência para gerar conversões e receber mais comissões.

Paulo Pina, sócio da Monetizze,[122] divide os afiliados em quatro perfis. São eles:

1. Curioso: não tem audiência, mas deseja aprender a ganhar dinheiro usando a internet. Para isso, ele se afilia a um curso, por exemplo, ou outro produto digital, e passa a divulgar para amigos, familiares, grupos de WhatsApp, Telegram ou comunidades no Facebook. Em geral, esse perfil não consegue gerar muitas vendas e não tem muita consistência, mas é um grupo

---

121 *Segundo Gustavo Martins, especialista do setor e cofundador do software de gestão inteligente de e-commerce Aion, da empresa Aion Solution, em entrevista ao autor em 12 de abril de 2022.*

122 *Fabio Pina em entrevista ao autor em 5 de maio de 2023.*

muito grande de pessoas. Só na Monetizze, representam mais de 1 milhão de afiliados.

2. Microinfluencer: ainda não tem uma grande audiência em seus sites, redes sociais, blog etc., mas mantém consistência na geração de conteúdo e consegue gerar interesse com alguma facilidade. Talvez já até consiga fazer algumas parcerias, ganhando produtos ou serviços em troca de divulgação. Ainda não gera receita suficiente para fazer disso um negócio, mas consegue ganhar uma renda adicional.
3. Influencer: possui uma grande audiência, que acompanha seu dia a dia, suas dicas, seus conteúdos e até o enxerga como autoridade em algum assunto. É uma pessoa que já encontrou maneiras de monetizar essa audiência e consegue gerar receita suficiente para sustentar um negócio estruturado e ainda transferir parte da sua autoridade para o produto.
4. Gestor de tráfego: não possui audiência própria, mas tem conhecimento sobre como gerar tráfego e conversões, seja por meio de compra de anúncios, parcerias com geradores de conteúdo ou até com influenciadores. O afiliado gestor de tráfego costuma ser atraído por comissões mais altas, visto que ele tem custos para gerar conversões, mas, em compensação, esse perfil de afiliado costuma ter um grande potencial de escala.

Se até as pessoas mais comuns podem ser afiliados da sua empresa e conseguir tirar uma grana por mês vendendo produtos, você, enquanto marca, também se beneficia desses profissionais. Paulo Pina diz que trabalhar com afiliados não exige o pagamento de salários e não existe relação trabalhista; não é necessário pagamento antecipado por conteúdo gerado; as comissões pagas são proporcionais às conversões geradas. Há a possibilidade de diversificar seus canais de vendas de maneira escalável, garantindo que o custo de aquisição se mantenha dentro do previsto, bem como previsibilidade do custo de aquisição de lead. Além disso, quando você se associa a uma plataforma de impulsionamento de vendas, consegue controlar as conversões por meio de relatórios gerados automaticamente, a performance dos afiliados, entre outros benefícios. Assim, a possibilidade de aumentar o ticket médio também aumenta.

E como a marca se beneficia? Aproveitando o awareness criado ao ser citada em múltiplos portais e canais ao mesmo tempo. E mais: quando o afiliado tem a confiança do público que o segue, ouve e lê, pode transmitir credibilidade para a sua marca. Gustavo Martins[123] conta o raciocínio por trás disso: "Quando você vê no Instagram o anúncio de uma marca de que nunca ouviu falar, já deve ter pensado 'será que não estou sendo enganado?'. Em comparação, se alguém que você conhece te recomendar essa marca, as chances de você confiar nela aumentam. É isso! Os afiliados também ajudam sua marca a gerar desejo ou interesse em público de topo de funil, pessoas que não a conhecem".

Mas como trabalhar com afiliados? Gustavo Martins ensina:

Separe inicialmente um budget pequeno de investimento de marketing para este canal.

↓

Teste em pequena escala com o máximo de afiliados diferentes para comparar resultados entre eles.

↓

Pense se vale a pena dar um desconto para que o afiliado consiga atrair mais usuários a entrar pelo seu link. Ou seja, além de testar afiliados diferentes, também recomendo utilizar diferentes estratégias de precificação e desconto com cada um.

↓

Entenda o modelo de remuneração do afiliado e os indicadores atrelados a essas vendas, como ticket, custos e despesas, incluindo o comissionamento e ROI para descobrir o lucro final.

↓

Garanta que o teste atingiu amostra significativa de tráfego gerado antes de tirar conclusões. Após comprovar que o lucro está em linha ou acima do esperado, escale gradualmente.

---

123 *Gustavo Martins em entrevista ao autor em 12 de abril de 2022.*

Com um programa de afiliados, você vai vender mais sem ter que gastar mais por isso, e ainda aumentará o alcance da sua marca e, consequentemente, a sua influência. É o topo da pirâmide de influência. A diferença é que você não gastará com celebridades, mas, sim, com um monte de gente para ficar pipocando o seu link em vários lugares. É uma estratégia a ser considerada.

CRIE O SEU INFLUENCER (O SEU CLIENTE!)

Até aqui, mostrei como trabalhar com influenciadores pode ser importante para a sua marca, mas isso significa que você vai precisar contratar o influencer mais caro da internet? Claro que não. Será necessário criar o que eu chamo de rede de influência.

Nesse meu conceito, você não vai precisar construir a sua marca focando a decisão de compra, mas, sim, na sua rede de influência, que são as conexões que as pessoas têm umas com as outras.

Veja bem, atualmente, passamos o dia todo em contato com amigos, familiares e até mesmo com conhecidos por meio do WhatsApp e das principais redes sociais, como Instagram ou LinkedIn. O fato de as pessoas estarem sempre conectadas aumenta muito o seu networking e, consequentemente, a possibilidade de divulgar a marca.

E é aí que entram os promotores. Como você viu, seu cliente pode ser um promotor da sua marca. Então, antes que você pense que estou falando apenas sobre marcas com budgets gigantes, já vou reforçar que **nem tudo se resume a contratar influenciadores. Mas, sim, em construir a sua influência**. Para isso, é preciso ir além.

Não se constrói influência contratando um influenciador e pedindo que ele faça um post ou um story. Ou postando a sua oferta do dia e acabou por aí. O que vai trazer as pessoas para a sua marca a ponto de influenciá-las é a consistência da informação que você coloca na sua comunicação ou a autoridade e a consistência que um grupo de indivíduos fala de uma marca ou de um produto específico. E sabe quem são as melhores pessoas para fazer isso? Os seus próprios clientes!

Isso mostra que, antes de contratar um influenciador, você pode tornar o seu cliente o seu influencer ou promotor. No capítulo anterior, já alertei para essa possibilidade ao afirmar que todos podemos vender algo a qualquer momento. Além disso, repare na pirâmide de influência que colocamos no início deste capítulo.

O seu cliente também pode ser um influenciador e ajudar o seu negócio, mesmo ele nem se dando conta do que está fazendo. Para isso, dê motivos para ele querer falar de você. Dê motivos para que ele queira levantar a sua bandeira. Dê motivos para ele indicar a sua loja, mandar o seu link, mostrar o produto que comprou. Dê motivos para que ele se torne um brand lover.

E criar esse desejo não é complicado. Você pode começar postando conteúdos relevantes nas suas redes sociais e até mesmo criando um espaço instagramável na sua loja, se você tiver um espaço físico, para ele tirar foto e postar. Quer mais? Ofereça cupons, bônus, presentes, descontos. Aí seu cliente vai falar de você para as pessoas que convivem com ele, que provavelmente também são as suas personas, afinal, convivemos com aqueles cujo perfil é parecido com o nosso.

Já o influenciador vai acelerar esse processo que está sendo feito. Pense nisso. Os seus influenciadores estão dentro de casa! Eu mesmo já fiz campanhas com influenciadores que deram muito certo e outras que não deram resultado. O que aprendi? Antes de ter um influenciador, eu preciso criar influência com a minha marca, gerando conexão e afinidade até aquilo ter um impacto sobre as pessoas. Portanto, **não compre, construa a sua própria influência**.

Também é preciso pensar no futuro. Assim como comprar mídia está ficando cada vez mais caro, contratar influenciadores, que estão se tornando cada vez mais profissionais, pode seguir o mesmo rumo. Antes que isso aconteça, crie a sua maneira de distribuir conteúdo, de aumentar a sua influência. Você vai criar uma estratégia disruptiva se comparada com o que o mercado está fazendo agora, porém, com uma visão de longo prazo.

UMA DICA: escolha clientes que já têm presença nas redes sociais, que faz posts ou stories criativos e que se preocupam com a aparência do feed e invista neles para aumentar a relevância e a influência da sua marca. Essas pessoas são a sua persona e é bem provável que o círculo de amigos e aqueles que as seguem nas redes sociais também sejam. É um ataque certeiro na audiência perfeita.

COMO TRABALHAR COM OS INFLUENCERS

Como você viu, ao aplicar a pirâmide de influência na sua jornada, é possível descobrir o melhor tipo de influenciador com quem trabalhar e em que momento. Até aí ok, mas você sabe como, na prática, essas pessoas podem, realmente, ajudar o seu negócio a vender mais e crescer?

O empreendedor Brenno Faro,[124] especialista em marketing digital, ensina que além de olhar a jornada, a sua estratégia também deve levar em consideração o perfil dos influenciadores. Para ele, existem os que ajudam a construir uma marca, e tem o que é mais vendedor. Isso significa que um é o cara que traz posicionamento e o outro é o cara que traz a performance em vendas. O primeiro tem um conteúdo forte, que atrai as pessoas. O segundo tipo não é forte em conteúdo produzido, porém tem força de argumento, uma maneira natural de engajar os outros. Essa verdade que ele transmite o ajuda a vender.

Imagine isso na vida real: se você contratasse a Sabrina Sato, a imagem dela junto ao seu produto traria posicionamento. Se contratasse a Virginia, um perfil diferente da Sabrina, sua intenção seria performance em vendas. Não custa lembrar que a Virginia conseguiu faturar R$ 22 milhões em treze horas, durante uma live com os seus produtos.

É preciso analisar a sua jornada para decidir se para a sua marca é mais interessante trabalhar primeiro com quem traz po-

---

124 *Brenno Faro em entrevista ao autor em 22 de agosto de 2022.*

sicionamento e depois com o vendedor. Ou trabalhar apenas com o vendedor, pois já possui um bom alcance, um bom posicionamento, e o que precisa no momento é de conversões.

Da mesma maneira, você tem que olhar a regionalidade. Imagine que deseja atrair o público da Bahia. Qual é a melhor maneira de fazer isso? Bom, vamos combinar que o Magalu já nos ensinou a importância de saber falar a mesma língua da sua audiência, né? Pois é isso que você tem que fazer quando for lançar a sua marca. Não basta pensar no influenciador com trilhões de seguidores, tem que pensar naquilo que, mesmo que seja micro, fale a mesma língua da localização geográfica que você deseja atingir. É a chamada influência identitária, e ela está ligada às identidades culturais.

"O marketing regionalizado é extremamente importante para regionalizar as campanhas. O Brasil é gigante e as marcas podem, sim, falar de diferentes maneiras em cada região", explica Vinicius Machado, CEO da Sotaq Creators, agência que levanta a bandeira do regionalismo e quebra a ideia de que só é possível fazer influência no eixo Rio-São Paulo. Segundo ele, ao regionalizar as campanhas, a chance de conversão de vendas é maior, pois você não está apenas divulgando o produto, está também focado na conversa, na humanização.

Esse tipo de trabalho acaba sendo uma via de mão dupla. Ganham as marcas, que conseguem ficar mais próximas dessa audiência segmentada, aumentando a chance de conversão. E ganham os microinfluenciadores e nanoinfluenciadores locais, que têm a oportunidade de fazer trabalhos para marcas grandes, algo antes inimaginável.

"É a democratização dos influencers. Conseguimos fazer com que todos tenham acesso a grandes campanhas, e as marcas conseguem democratizar a comunicação. Além disso, promovemos uma transformação social na vida dessas pessoas. É a influência com sotaque", destaca Vinicius Machado.

E como as marcas estão trabalhando com os influenciadores? Na Bold Snacks, especialista em barras de proteínas, os influenciadores são o principal investimento em marketing digital. Tudo é centrado neles. Tanto que o time que representa a marca é enorme. São mais de mil pessoas. Desde indivíduos normais que consomem o produto até atletas, nutricionistas, personal trainers, cantores e artistas. O time é diverso justamente para mostrar que a barra de proteínas é para todo mundo. A única exigência é que todos realmente sejam consumidores do produto. Para conseguir colocar essa estratégia em ação, Gabriel Ferreira, fundador da Bold Snacks,[125] conta que eles criaram uma pirâmide de influenciadores e que os dividiram em três perfis.

Na base estão as pessoas comuns e os pequenos influenciadores, que recebem o produto e postam nas redes sociais sem receber por isso; é algo bem orgânico. No meio da pirâmide estão os influenciadores que recebem o produto e divulgam seu cupom para quem quiser comprar; nesse caso, não existe cobrança de conteúdo e eles recebem comissão. No topo da pirâmide estão os grandes influenciadores, que têm contrato fixo e compromisso de criação de conteúdo para marca. Nomes como Leticia Bufoni, Cleo Pires, Tata Estaniecki, Fernanda Gentil, Jade Magalhães e João Vicente de Castro já fizeram parte desse time.

Existe também um olhar atento aos clientes e às menções orgânicas que partem deles nas redes sociais. "O grande ponto da marca é conseguir fazer um produto que as pessoas desejem postar. Nosso cliente é um grande influenciador dela", ressalta Gabriel.

Veja bem: mesmo com todo o alcance que a Bold tem, com um time de influenciadores gigante, com pessoas pedindo para divulgar o produto, a marca ainda tem um olhar cuidadoso para o cliente. O que ela fez é o que eu mais defendo: seu cliente também é seu influenciador!

Para coordenar tudo isso, a Bold tem um time interno que recebe todas as solicitações de pessoas que querem fazer parte do time, e a empresa também fica de olho em grandes influenciadores que já consomem o produto e que podem representá-la.

"É impossível pensar o nosso caminho sem o marketing digital. Antes dos influenciadores, as lojas nem me davam espaço. Então, essas parcerias com a venda pelo e-commerce foram a melhor combinação para fazer com que o produto chegasse a todos, sem depender dos pontos de venda físicos", explica Gabriel Ferreira.

Apesar desse trabalho gigantesco, ele faz um alerta: "A base, porém, continua sendo o produto. Não adianta ter um time

---

125 *Gabriel Ferreira em entrevista ao autor em 19 de agosto de 2022.*

criando o desejo, conseguir alcance e engajamento, e quando o consumidor vai experimentar a barra de proteínas, ele se frustra. O produto tem que ser bom". Como sempre digo, tudo precisa ser de verdade.

Já a Mais Mu, que ficou famosa ao desmistificar o uso do whey protein, apesar de também apostar no digital e na parceria com influenciadores para crescer, trouxe desde muito cedo a "cara" dos sócios e dos seus colaboradores para as redes sociais.

Com humor, uma característica muito forte da marca, eles mostram o dia a dia, a empresa, os perrengues durante os treinos na academia, brincam fazendo mistério sobre os lançamentos e mostram os eventos promovidos pela marca.

"Mais do que contratar pessoas, queremos nossa gente falando. Eu falo, nosso time fala. Essa é a nossa cara. Nosso papel é nos conectar emocionalmente com as pessoas", conta Otto Guarnieri, cofundador da Mais Mu.

O que a Mais Mu está fazendo é trabalhar a influência. Lembre-se do que sempre falo: todos podemos ser influenciadores, todos estamos vendendo algo, até mesmo você e seus colaboradores. O negócio é criar uma rede de influência. Ponto para a Mais Mu.

Ainda dá para ir além. A XP começou a usar influenciadores olhando para o seu time interno. Isso mesmo! No início, ainda na década de 2010, o departamento de marketing usava seus colaboradores para colocar o rosto nas redes sociais e falar de investimento.

A estratégia deu tão certo que de lá surgiu uma das maiores influencers desse meio: Ana Laura Magalhães, do canal Explica Ana. Até Guilherme Benchimol, fundador da XP, entrou nessa onda. Amanda Holzer, ex-head de conteúdo da XP,[126] que foi uma das responsáveis por colocar essa estratégia em ação, conta que falar de investimento sempre foi muito difícil, porque era uma área muito fria e impessoal e ainda tinham que lidar com aquele estigma de que era coisa para poucos, só para os muito ricos.

Ao colocar os colaboradores, e o próprio fundador do grupo, Guilherme Benchimol, nas redes sociais para falar sobre finanças de uma maneira descomplicada, eles conseguiram criar uma conexão maior com o público. Com isso também veio o código XP

---

126 *Amanda Holzer em entrevista ao autor em 16 de agosto de 2022.*

– “transformar o mercado financeiro para melhorar a vida das pessoas” –, um movimento que mostrou que todo mundo pode investir. “Movimentos liderados por pessoas são mais palpáveis e factícios para as pessoas comuns. Quando a gente gerava movimento e conexão com a audiência, o resultado vinha. Ter pessoas falando fazia toda a diferença”, conta Amanda Holzer.

Outro case da XP foi o uso do influenciador Thiago Nigro, o Primo Rico, como rosto da plataforma digital Rico. Amanda conta como foi a estratégia: “O Thiago já tinha o canal Primo Rico, que fazia um conteúdo com linguagem horizontal, olho a olho, como se estivesse estendendo a mão para o consumidor. E o Thiago recomendava a Rico, era algo verdadeiro, então o contratamos para associar as marcas”. Em pouco tempo, Thiago se tornou o principal canal de abertura de conta para a Rico. A sinergia foi tanta que até hoje muitas pessoas acham que o Thiago é um dos sócios da Rico, mas, não! Ele só era embaixador da marca. Foi uma sacada genial da XP.

Atualmente, a XP tem cerca de 100 influenciadores. Quando questionado sobre o porquê de usar tantos influencers, Fernando Vasconcellos, sócio e CMO da XP por sete anos,[127] bate em um ponto que eu destaco desde o início deste livro: a necessidade de capturar a atenção do consumidor. Para ele, esses creators são ideais para o trabalho porque falam com uma audiência específica, conseguindo capturar a atenção dessas pessoas e influenciando determinadas decisões de consumo, ou melhor investimento, no caso da XP.

“Buscamos alinhar o maior número de pessoas que tivesse um conteúdo de qualidade relevante e que falasse com audiências distintas. Claro que, em algum momento, poderia ter uma sobreposição dessas audiências, mas nós sentíamos que cada uma se identificava com determinado influenciador, por menor que ele fosse. O que buscávamos era influenciar as pessoas tirando-as dos bancos e levando-as para as plataformas do grupo”, conta Fernando Vasconcellos.

---

127 *Fernando Vasconcellos em entrevista ao autor em 25 de abril de 2022.*

INFLUENCIADORES NO B2B, É POSSÍVEL?

Embora não seja tão comum, os influenciadores podem ser usados também no mercado B2B.[128] De acordo com a pesquisa Influence 2.0,[129] realizada em 2017, embora 49% das empresas já tenham experimentado, de alguma maneira, estratégias de influências, apenas 4% integram o marketing de influência como algo contínuo e planejado.

Na época da XTech, eu pegava os profissionais que mais palestravam sobre marketing, vendas e varejo no Sebrae e os contratava como embaixadores da empresa. Eles falavam sobre os cases da XTech para outras empresas e, dessa maneira, a minha empresa se aproximava do meu cliente ideal, que eram as pessoas que se interessavam pelo assunto que esse embaixador dominava.

Eu mesmo fui embaixador da Dell durante um tempo. Falava diretamente com os donos de empresas que queriam comprar computadores. No G4, nós mesmos – eu, Tallis Gomes, Bruno Nardon e Tony Celestino – somos os influenciadores e falamos com empresários.

Mas não pense que, por falar com o mercado B2B, essa estratégia precisa ser mais sisuda, mais formal. Tudo vai depender do propósito. A MoveOn, empresa digital especializada no registro de marcas, por exemplo, começou a trabalhar com influenciadores em 2020 e usa uma comunicação bem leve e divertida para falar com sua audiência.

"Usamos essa maneira lúdica para chamar a atenção para as publicações. Já as legendas trazem o conteúdo bem explicado. Isso faz toda a diferença", explica Inácio Dapper, cofundador da Move On.[130]

Para levar essa estratégia adiante, a empresa conta com um time de 12 influenciadores fixos, do qual eu também faço parte, e outros temporários para ações semanais. Para Inacio, trabalhar com a influência no B2B é importante porque essas

---

128 *B2B (business to business) significa negócios de empresa para empresa. (N. E.)*

129 *INFLUENCE 2.0. The future of Influencer Marketing.* **Slideshare**, *29 jan. 2017. Disponível em: https://www.slideshare.net/VNguynThyDung/influence-20-the-future-of-influencer-marketing. Acesso em: 20 maio 2023.*

130 *Inácio Dapper em entrevista ao autor em 13 de setembro de 2022.*

Mídia não é onde as pessoas estão, é onde a atenção delas está.

@alfredosoares

pessoas têm um posicionamento muito forte no mercado e ajudam a gerar branding, além de transferir a sua autoridade para a MoveOn.

Porém, não é só isso. Como a decisão de compra no B2B é mais racional, a estratégia de marketing de influência tem que estar alinhada fortemente a um processo comercial. "Se a empresa chega até nós porque confia no Alfredo, eu tenho que estar preparado para atendê-la. É preciso ter um atendimento de qualidade, um vendedor conectado e pronto para resolver as dores desse possível cliente, fazer um *follow-up*. A grande sacada está no departamento comercial", conta Inacio.

O que não muda, porém, é a maneira como tanto pessoas quanto empresas têm que sentir a sua marca. Primeiro é preciso humanizar a comunicação, colocar uma pessoa de verdade, com autoridade para falar da sua empresa ou do seu produto para depois pensar em vender. No fim, são pessoas falando com pessoas.

RESPONSABILIDADE COMPARTILHADA

Ao escolher um embaixador ou influenciador ou qualquer outra pessoa que represente a sua empresa, você está dando uma cara para a sua marca, alguém que o representará, por pouco ou muito tempo, perante seus clientes atuais e futuros. Nessa estratégia, claro, temos dois lados: o da marca, que precisa se cercar de cuidados para não ser cancelada; e o dos influenciadores, que já entenderam o peso que suas ações, que sua vida pessoal, têm sobre as pessoas.

No Web Summit Rio, que aconteceu em maio de 2023, Bianca Andrade participou do painel "How to have a positive influence" e salientou justamente essa responsabilidade. Ela contou que, quando começou, há doze anos, quanto mais feliz a pessoa se mostrasse nas redes sociais, mais influência positiva teria sobre seus seguidores. Com o passar do tempo, porém, ela entendeu o quanto isso não era assim tão positivo, que não fazia tão bem assim para elas.

E não é só o comportamento e se mostrar vivendo uma vida dos sonhos que são atitudes prejudiciais, suas opiniões também podem ser. Mesmo um grande influenciador que sabe comunicar muito bem pode dar uma opinião errada, estar em um local inapropriado e, de um dia para o outro, ser cancelado pela sua audiência. Exemplos é o que não faltam. Desde Gabriela Pugliesi, passando por Karol Konká, Mc Gui e Monark, todos viveram situações que precisaram de uma ação rápida das marcas para que o ocorrido não respingasse nelas.

Mesmo um grande influenciador que sabe comunicar muito bem pode dar uma opinião errada.

Por um lado, o medo de ser cancelado, de ser atacado e de perder patrocinadores tirou um pouco da autenticidade genuína das pessoas. Porque, no fim das contas, por mais que as pessoas estejam tomando decisões baseadas nas próprias vontades e tendo atitudes consideradas genuínas, elas terão um viés consciente ou inconsciente das consequências de suas ações. No que funciona melhor ou pior para a sua imagem diante das marcas.

Isso se torna um desafio para ambos os lados: influenciador e marca. Para o influenciador, que precisa policiar seus passos até mesmo quando não está nas redes sociais e, mesmo assim, sem perder a autenticidade. Para as marcas, que precisam tomar muito cuidado ao escolher o influenciador que vão contratar, e até criar, com antecedência, um plano de gestão de crise. Porque ao assinar com uma pessoa que vai representar a sua marca, você está assumindo um risco. Ou seja, o risco sempre vai existir; caberá à equipe de marketing minimizar ao máximo a possibilidade de que algo errado aconteça ou, se acontecer, que essa equipe esteja pronta para contornar o dano o mais rápido possível.

Mesmo com todos os riscos, pensar em ampliar a sua influência é ter ao seu lado uma ferramenta importante e poderosa para aumentar o awareness e a confiança na sua marca. Os influenciadores podem ajudar nesse trabalho, fazendo o cliente pensar que é da sua marca que quer comprar, mesmo que não tenha a intenção de comprar hoje ou amanhã. O importante é que ele lembre de que você pode resolver as dores dele. A venda de qualidade será uma consequência desse trabalho. Afinal, o **plano é vender melhor, não ficar tentando vender mais**. Siga comigo, porque no próximo capítulo vou mostrar outra estratégia alinhada à construção da sua marca: a tecnologia.

O cliente não é o fim do processo. Ele é o processo em si.

@alfredosoares

8.
O PAPEL DA TECNOLOGIA NA SUA MARCA

Não é de hoje que defendo a ideia de que uma empresa não precisa de tecnologia de ponta, o que ela precisa é de tecnologia ponta a ponta. No meu livro *Bora varejo*, falei disso e de como ter essa visão ajudou empresas a digitalizarem os processos rapidamente durante a pandemia de covid-19.

Os tempos são outros, mas o que não mudou foi a necessidade de colocar a tecnologia na rotina das empresas. A transformação digital acelerada, até meio atrapalhada, já aconteceu. Quem não entrou nessa onda morreu afogado, mas quem entrou, agora, nada de braçada. Esse é um caminho que não tem mais volta. O que mudou, porém, é o foco. Se antes era uma corrida para conseguir a melhor maneira de vender com as portas fechadas, agora o desafio é como usar esses recursos tecnológicos para aumentar a performance e tornar os processos mais eficientes. É sobre isso que vamos falar a partir de agora.

Ao longo deste livro, você me ouviu falar várias vezes sobre a importância de humanizar a sua marca e de se tornar mais próximo do seu cliente. Ainda que essa seja a melhor maneira de dizer para a sua audiência que você é de verdade, chegar a esse nível de atendimento e de experiência só é possível graças à tecnologia que existe por trás de cada processo. Assim, acompanhar o ritmo das mudanças torna-se imprescindível dentro das empresas. A solução para não se afogar é acompanhar as tendências tecnológicas: reimaginar os negócios, incorporar as ferramentas necessárias, reorganizar o modelo de trabalho e a visão dos colaboradores deve ser encarado como um processo contínuo.

Certa vez, conversando com Wanderley Baccala, diretor executivo Hub Digital Globo,[131] ele me disse que as empresas precisam deixar de falar de tecnologia como algo que se usa em algum momento e depois se deixa de lado para usar em momentos de necessidade.

"Ela é parte do seu negócio. Tão importante quanto cuidar da sua receita, do seu CAC, da sua rentabilização é cuidar também das plataformas tecnológicas que geram valor para o seu negócio", ele me disse.

Como é possível ver, eu não estou sozinho quando afirmo que a tecnologia tem que estar no dia a dia da empresa. Baccala defende que os recursos tecnológicos precisam entrar na construção da marca, na entrega de resultados, na avaliação das melhorias contínuas, na relação da marca com os consumidores, com o mercado, com os colaboradores, com os parceiros. Não há como fugir: ela permeia todos os seus processos.

Pense bem: hoje em dia você cria um negócio a partir de audiência ou de tecnologia. Imagine só se conseguisse unir esses dois mundos? Seria um choque de realidade! Enquanto o digital é tecnologia, as ferramentas adequadas e soluções falam das pessoas. Como a sua empresa pode usar as ferramentas para atender melhor aos clientes? Como a experiência de ponta a ponta pode ser otimizada?

Entramos, definitivamente, na era em que o marketing anda de mãos dadas com a tecnologia. É uma perda de tempo, e de dinheiro, tentar desvincular essas duas áreas. Um exemplo é a presença da cantora Anitta como personagem do *Free Fire*, game no estilo *battle royale*. Como assim?

Ao aparecer no game e, de quebra, ainda aproveitar para lançar uma nova música, ela aumentou a sua influência sobre o público jovem, criou awareness ao redor da marca Anitta – sim, ela já deixou de ser apenas uma cantora e virou a própria marca – e ainda colocou em prática o co-marketing, que é quando duas empresas ou duas marcas se unem para promover algo compartilhando alcance, custos, reconhecimento, distribuição.

O co-marketing só funciona quando é uma via de mão dupla, ou seja, os dois lados precisam se beneficiar de alguma maneira.

---

131 *Wanderley Baccala em entrevista ao autor em 19 de abril de 2022.*

Nesse caso específico, o game *Free Fire* ganhou um conteúdo produzido e a possibilidade de atrair novos jogadores a partir do público da cantora. Já a Anitta fez mais um lançamento, conseguiu mais um parceiro internacional e se inseriu em um novo canal expandindo ainda mais o seu público mundial.[132]

REDESENHANDO OS NEGÓCIOS

O principal desafio dos líderes é saber como utilizar as novas tecnologias para redesenhar os negócios, construindo um ecossistema de vendas eficiente, entendendo onde estão os clientes e criando pontos de contato otimizados capazes de dialogar com cada grupo e garantir a dianteira na guerra da audiência. Empresas que ignoram isso não estão só deixando muito dinheiro na mesa, mas comprometendo seu crescimento a longo prazo.

Ainda há outro desafio: como usar os recursos tecnológicos sem deixar para trás o seu propósito, a sua essência? Nesse quesito, a C&A é craque. "A tecnologia trouxe uma gestão de tempo mais efetiva para as pessoas. O consumidor não quer mais gastar tempo, não quer mais se deslocar durante horas para comprar uma roupa. Quando oferecemos uma loja para o cliente mais perto da casa dele, com uma experiência de moda bacana, isso faz a diferença na vida dele. Mas não podemos perder a essência. Ser uma fashiontech é ser uma empresa que oferece moda com a opção de tecnologia", explica Ciro Neto, da C&A. Afinal, a tecnologia precisa atrair a sua audiência, e não a afastar.

Inteligência artificial, chatbot, CRM, tudo isso precisa jogar a seu favor. A entrada da internet 5G no Brasil deve aumentar ainda mais a aplicação dessas tecnologias e mudar a cara do varejo, oferecendo uma nova experiência de compra para o consumidor.

---

132 *BERNARD, E. Anitta no metaverso? Cantora em games e outras lições sobre Marketing Digital.* **Rock Content**, *22 jul. 2022. Disponível em: https://rockcontent.com/br/blog/anitta-marketing-digital/. Acesso em: 4 jun. 2023.*

Durante uma conferência realizada em 2022, o então ministro das Comunicações, Fabio Faria,[133] explicou como essa tecnologia poderá impactar o varejo: "Antes, a compra de ternos era artesanal. Depois, veio a industrialização em larga escala. Com o 5G, teremos impressoras 3D e outras aplicações, como comprar um terno perfeito para você em larga escala. Não vai ter mais provador. Com inteligência artificial, você vai ver o número perfeito, escolher o que quer e já provar como se fosse você".

Mesmo que ainda não seja a realidade do seu negócio, é preciso se preparar, pois, mais uma vez, a bola estará na mão do consumidor, de acordo com a previsão de Wanderley Baccala: "Isso trará um senso de urgência muito maior nos consumidores, e as empresas precisam estar preparadas para lidar com outra expectativa de velocidade de atendimento, por exemplo, que as pessoas vão ter. De um lado, as empresas poderão fazer um uso legal dessa tecnologia, de outro teremos muita demanda e muita cobrança por parte dos consumidores".

Se o 5G vai acelerar os processos, então não dá mais para pensar em escalar sem pensar em ferramentas tecnológicas. Fica fácil entender o impacto dessas ferramentas quando as comparamos com o SEO.

Você pode escrever um artigo do jeito que quiser, com todas as informações necessárias, sem usar o SEO.[134] Mas você também pode escrever um artigo com as mesmas informações usando o conhecimento técnico vindo do SEO. O conteúdo será o mesmo, mas ele vai ser entregue para muito mais pessoas. Esse é o poder das ferramentas.

Antigamente, **o marketing só pensava em escrever. Hoje em dia, ele precisa pensar também em distribuir**. Levando esse

---

133 *AZEVEDO, A. Fábio Faria explica como 5G vai impactar transporte, varejo e agronegócio.* **Exame**, *23 fev. 2022. Disponível em: https://exame.com/brasil/fabio-faria-explica-como-5g-vai-impactar-transporte-varejo-e-agronegocio/. Acesso em: 20 ago. 2022.*

134 *SEO (Search Engine Optimization) é uma série de aprimoramentos de códigos e conteúdos com o objetivo de fazer a página ser encontrada com mais facilidade e ser mais bem avaliada pelos algoritmos dos mecanismos de busca. (N. E.)*

Quanto mais forte é o movimento, maiores serão as comunidades ao redor da marca.

@alfredosoares

Lembre-se: você precisa se comunicar de modo programático para conquistar e reter a atenção do seu público.

exemplo para a área de vendas, antes só se pensava em achar o público ideal, descobrir a jornada que ele percorria e vender. Mas já não é suficiente. É preciso encontrar essa jornada e a melhor maneira de distribuir, considerando diferentes formatos de mídia e de conteúdo.

Você consegue distribuir ou escalar sem usar as ferramentas? Até consegue. Mas em uma velocidade muito, mas muito menor, mais lenta. E, vamos combinar, a concorrência não lhe dará esse tempo. Enquanto você ainda estiver fazendo contas no papel, a loja ao lado já estará automatizando tudo. “No fim, essa é a única maneira de escalar de maneira sustentável, abrir a boca do jacaré mesmo, para ter rentabilidade maior com custos controlados”, sinaliza Wanderley Baccala.

Existem inúmeras ferramentas no mercado que permitem que você coloque seu cliente no centro, criando a sua estratégia na jornada. Lembre-se: você tem que atingir um público cada vez maior e falar com ele da maneira que ele prefere. A personalização é cada vez mais necessária para que essa pessoa percorra toda a jornada. Afinal, **o cliente não é o fim do processo, e sim o processo em si**. Além disso, você precisa garantir que ele volte. O cliente que retorna é o satisfeito e o que mais vai te divulgar.

Dependendo do setor do seu negócio e do momento da jornada que quer atingir, você terá a ferramenta mais adequada para usar. Há muitas plataformas trabalhando com inteligência artificial, machine learning, realidade aumentada, blockchain, robótica e internet das coisas para otimizar o varejo. Entre tantas opções, ter um CRM[135] é quase obrigatório.

---

135 *CRM (Customer Relationship Management ou Gestão de Relacionamento com o Cliente) é uma ferramenta que une todos os processos que uma*

Para Marcelo Klein, CEO da Giver CRM,[136] o "CRM não é ferramenta, sigla, departamento de marketing ou um termo bonito. Ele é essência, é mais do que o melhor amigo do vendedor, é seu oxigênio, seu combustível para enfrentar o dia. O vendedor, lojista, empreendedor que almeja crescer, precisa ter duas coisas muito claras em mente: a primeira é quais são suas metas, e a segunda é como vai batê-las. O CRM tem papel essencial nessa jornada, pois com ele o vendedor tem uma bússola, sabe onde está, o que precisa fazer para avançar, o que já fez e, principalmente, o quanto deste trabalho trouxe de retorno financeiro para ele e a empresa".

Mais uma vez, o comportamento do cliente, que muda de uma hora para outra sem avisar, é uma das principais razões que justificam a necessidade de uma ferramenta desse tipo. Como está presente em toda a jornada do cliente, desde a pré-venda, passando pela venda, pós-venda e retenção, qualquer mudança de estratégia necessária é baseada nos dados armazenados no CRM. Não tem achismo. Ele é a bússola que orienta a empresa a tomar as melhores decisões a partir de dados atualizados. Resultado: agilidade e assertividade para tomar as decisões certas e ajustar a rota se for necessário.

Não é novidade usar um CRM, inclusive nos meus livros eu falo bastante dessa ferramenta, mas os recursos são sempre atualizados para que ela seja o mais eficaz possível. No seu CRM, por exemplo, dá para integrar as ferramentas de conversation commerce, personalizar todo o atendimento do cliente, criar jornadas personalizadas, clusterizar[137] a base por tipo de cliente, hábitos, padrões de consumo, criar uma comunicação direta e mais efetiva no que vai falar e oferecer, fazer pesquisa de NPS e até criar um programa de cashback com um gatilho de venda futura para que o cliente volte em até 30 dias na sua loja, e não na do seu concorrente.

---

empresa usa para gerenciar, entender e acionar a sua base de contatos, clientes e leads. (N. E.)

136 *Marcelo Klein em entrevista ao autor em 15 de setembro de 2022.*

137 *Clusterizar é o mesmo que organizar dados conforme as características que eles têm em comum, separando-os em grupos, ou seja, formando clusters. (N. E.)*

Reter clientes é tão importante que a CRM&Bônus criou a maior plataforma de giftback do mundo. Usando a tecnologia, a empresa estuda o perfil de cada marca e cria um programa que é o mais indicado para reter aquela audiência. “Queremos melhorar o CAC das companhias, ajudar o varejista a conhecer melhor o seu cliente, melhorar seu LTV e a sua retenção”, explica Alexandre Zolko, fundador da CRM&Bônus.[138]

Se para a empresa a tecnologia é boa, para o cliente ela também é. Por meio de um aplicativo, todos os giftbacks que o cliente ganhou em algum momento são centralizados – isso vai automaticamente para lá –, e ele consegue controlar quanto tem para gastar e o prazo de expiração. E até descobrir os giftbacks expirados.

Repare que até agora eu só falei de ferramentas. Mas vamos seguir adiante, pois existem outras que quero mostrar para você entender como a tecnologia é pano de fundo para o varejo.

A Eiprice, por exemplo, é uma ferramenta que, entre outras funções, faz o monitoramento de preços dos concorrentes e das condições de compra oferecidas por eles no e-commerce e compara com o seu portfólio de produtos. A partir desses dados, a própria ferramenta faz a alteração do preço dinâmico, ou seja, ajusta os preços automaticamente, trazendo mais rentabilidade para o negócio.

A Iugu é uma ferramenta que automatiza o financeiro de empresas a partir de uma série de funcionalidades, como recursos para fazer cobranças recorrentes, como aquelas vindas de clubes de assinatura e mensalidades, seja por meio de cartão de crédito, boleto ou até mesmo por PIX. O cliente escolhe como quer pagar e a plataforma faz as cobranças e o gerenciamento. Além disso, faz cobranças avulsas.

Tem ainda a Bornlogic, focada no aumento de vendas por meio da transformação digital das empresas. Foi ela a responsável por implementar todo o sistema que permitiu ao Magalu descentralizar o seu marketing, possibilitando que cada loja personalizasse a sua comunicação nas redes sociais. Falamos sobre isso no capítulo 5.

---

138 *Alexandre Zolko em entrevista ao autor em 5 de setembro de 2022.*

ESCALA NA PUBLICIDADE

A tecnologia ajuda até mesmo a colocar uma celebridade como garota-propaganda da sua marca, gastando menos e sem precisar se preocupar com a agenda tão concorrida dessas pessoas e com o alto custo de produção. A plataforma Acelerai, primeira do mundo de propaganda compartilhada, escalou o uso de celebridades em publicidade para pequenas e médias empresas.

Por meio de uma plataforma com conteúdo pré-produzido, você escolhe que celebridade quer usar (entre as opções, há nomes como Rodrigo Faro, Cauã Reymond, Juliana Paes, Deborah Secco, entre outros), o tema da campanha (pode ser uma data comemorativa, uma queima de estoque, Black Friday), o visual da campanha, as mídias em que a campanha será exibida (redes sociais, TV, outdoor, rádio) e as informações do seu produto (preço, foto do produto, logo etc.) e a própria plataforma cria a campanha para você. É como se fosse um jogo de quebra-cabeça: o cliente pode personalizar e adicionar as informações da empresa. Através da escolha da celebridade, que já vem com um texto pré-gravado, ele pode adicionar a sua paleta de cores, o seu logo e as frases que desejar.

Geralmente, em uma campanha, a celebridade é contratada para falar de uma marca. Na Acelerai, essa big celebridade é contratada para falar de um segmento econômico, como o de alimentação. Vamos supor que seja uma hamburgueria. Então, a agência faz uma série de vídeos com esse famoso falando coisas do tipo "delicioso", "esse hambúrguer dá água na boca", "você não vai resistir". São frases que poderiam ser ditas sobre qualquer hambúrguer do planeta. O material fica na plataforma e é usado na customização das campanhas.

"Esse é o nosso conceito de economia compartilhada para campanha publicitária. Ele permite que uma pequena empresa do interior compre uma campanha com uma celebridade top por R$ 5 mil. E isso só é possível porque eu vendo a mesma campanha cem vezes para cem negócios espalhados pelo país", explica Allan Barros, fundador da Acelerai.

Por trás da plataforma há toda uma tecnologia baseada em inteligência artificial para customizar esse material e dar identidade a ele. Além disso, há um filtro muito forte para que cidades próximas ou até a mesma cidade não trabalhem com o mesmo conteúdo pré-gravado e a mesma celebridade. Há o mesmo cuidado com a mídia digital. Mesmo que o contrato preveja o uso do conteúdo nas redes sociais, a marca só pode fazer isso de maneira orgânica e no seu próprio perfil. Caso tenha a intenção de fazer um impulsionamento da postagem, quem fará será a ferramenta, tomando todos os cuidados geográficos para que o post alcance somente aquela região. A própria plataforma prevê tudo isso.

Aqui, a ferramenta não é só uma maneira de acelerar as vendas, mas também de mudar a história do pequeno negócio. Imagine o awareness que essa marca gera ao fazer um outdoor na cidade com o Rodrigo Faro? É a construção de marcas e de autoridade mais rápida e com custo mais baixo que você vai ter.

A inteligência artificial é o que permite que a Acelerai seja extremamente escalável. O Allan Barros me contou que toda a pré-produção da campanha é feita a partir da sugestão de um gigantesco banco de dados. Ou seja, o sistema vai até esse acervo de frases e imagens e, com as características que o próprio cliente já mandou, a inteligência artificial desenvolve os roteiros e tudo que é necessário para a pré-produção. Depois disso, caso o filme necessite de uma locução extra, a própria ferramenta já dá o *start* no locutor ideal para esse trabalho (aquele que tem a voz parecida com a da celebridade). Com o texto e a secundagem[139] necessária, o profissional grava, sobe on-line e o sistema encaixa mais essa peça no quebra-cabeça. "Com o recurso da inteligência artificial já conseguimos rodar mais de mil filmes em uma semana", comemora Allan Barros.

INOVAÇÕES NO VAREJO

As inovações não param de aparecer. Todas as vezes que acontece a NRF (New Retail Federation), a maior feira varejista do mundo nos Estados Unidos, eu me deparo com algo que antes parecia inimaginável. Já é possível, por exemplo, fazer pagamentos somente aproximando a palma da mão por meio do Amazon One; utilizar drones para a entrega de encomendas; ter

---

139 *Secundagem é o tempo de duração em segundos de um comercial. (N. E.)*

robôs autônomos para classificar as encomendas nas lojas para os atendimentos dos pedidos, devolução, distribuição ou reabastecimento; usar a inteligência de negócios orientada pela inteligência artificial para prever a demanda dos consumidores de uma loja, ajudando o varejista a otimizar a mão de obra e a planejar o estoque necessário para atender aquelas pessoas ou, então, também por meio da inteligência artificial, entender como seus clientes interagem com a sua loja.

Mesmo que o contrato preveja o uso do conteúdo nas redes sociais, a marca só pode fazer isso de maneira orgânica e no seu próprio perfil.

Aliás, o ChatGPT deve invadir cada vez mais os processos da sua empresa. Não só na personalização de conteúdo, mas até mesmo ajudando a melhorar a experiência de compra e a logística. Sem contar as tecnologias de projeções, hologramas, experiências 3D e humanos artificiais.

Se eu contar que existe uma plataforma que cria réplicas humanas que interagem com pessoas reais e que ela também é preparada para replicar a imagem de entes falecidos para se comunicarem com seus familiares, você acreditaria em mim? Pois é, essa tecnologia foi apresentada na NRF 2023. Mas, claro, não será esse o uso no varejo. Essa plataforma deve ser utilizada para colocar esses modelos artificiais para fazer o atendimento ao cliente.

Não faltam opções, e tenho certeza de que, quando você estiver lendo este livro, outras inovações já terão surgido. Este mercado é exponencial. Isso significa que as mudanças são muito rápidas, e o mercado precisa se adaptar a elas. Ficar atrás do balcão é coisa do passado. **O varejo está se tornando cada vez mais sinônimo de tecnologia, inovação e criatividade.**

NOVO PROFISSIONAL DE MARKETING

Quero que repare bem na frase com que eu terminei o parágrafo anterior. Ela diz que o varejo é sinônimo de tecnologia, inovação e criatividade, certo? Agora quero relembrar o início deste capítulo, em que falei da necessidade de descentralizar a tecnologia nas empresas. Agora vou fazer uma provocação. Você e os colaboradores da sua empresa estão preparados para isso?

Não adianta ter o CRM mais incrível do mercado, a inteligência artificial fazendo a pré-produção dos vídeos de publicidade, se a cabeça de quem está lá dentro ainda está fechada. Marcelo Klein faz uma comparação com o CRM, mas que serve para qualquer ferramenta: "Não é importante apenas apostar em um CRM, tem que criar a cultura de CRM dentro de casa. Isso se faz com clareza nos objetivos, time motivado, processos estruturados, bons parceiros tecnológicos, alinhamento de cultura e uma boa dose de cobrança. O time todo precisa estar engajado".

É justamente por isso que não dá mais para achar que só o cara de TI precisa entender de tecnologia. Assim como não dá mais para o cara de TI não ter metas a cumprir dentro da empresa. Todos precisam conhecer e operar os recursos tecnológicos e ser responsáveis pela construção de marca e crescimento da empresa. Onde você vai encontrar esses profissionais? Isso também exige maturidade de pensamento. Olha só a história que eu vou contar.

Certa vez, estava conversando com o Geraldo Thomaz, fundador e co-CEO da VTEX, sobre como era importante que ele tivesse uma conta no Instagram. Ele me disse que não gostava, que não tinha habilidade com a ferramenta. Mas eu argumentei e contei que ela funciona muito bem para a contratação. Claro que o Geraldo não concordou comigo. Mas não me dei por vencido e falei: "O cara que vocês querem contratar está, sim, na rede social. Pode até não usar muito, mas está. Por outro lado, ele passa o dia inteiro jogando videogame". Sim, é possível recrutar esse perfil de profissional dentro de um jogo. Abrir a cabeça, pensar fora da cai-

Atenda com agilidade e mostre que existe alguém do outro lado para gerar soluções.

@alfredosoares

xa, vai permitir que as empresas encontrem esses novos profissionais. Quer outro exemplo?

Se você for uma pessoa que conhece um pouco de programação, provavelmente, já inspecionou o código de algum site. Se for fazer isso no site do Magalu, além de encontrar todos os elementos que compõem a página, vai encontrar também o seguinte recado:[140]

```
Venha trabalhar conosco, veja as vagas em:
https://www.99jobs.com/luizalabs/jobs
```

Isso é incrível! A Magalu procura a pessoa que está nas redes para trabalhar com ela. Isso é pensar fora da caixa. Isso é empoderar seu colaborador. Isso é pensar na tecnologia o tempo todo.

O consumidor está cada vez mais esperto e mais conectado enquanto participa das várias etapas da jornada. A tecnologia como marketing é uma ferramenta, então precisa estar em todos os momentos da jornada, não só em um departamento, em uma área de tecnologia.

A tecnologia está no marketing, está no produto, no recrutamento, na gestão e no financeiro. E quanto mais você sobe o potencial e o conhecimento tecnológico, mais necessário é construir as alavancas de crescimento, pois há muitas oportunidades que só existem por causa de uma ferramenta. Então, quanto maior o nível de conhecimento, maior a chance de encontrar essas avenidas.

É alto o investimento inicial? Sim, e tende a assustar as pequenas e médias empresas. Mas esse investimento em inovação, além de necessário, é proporcional ao seu negócio. O que você deve fazer é buscar o exemplo das grandes empresas e o readequar à sua realidade. Só não deixe o digital de lado!

---

140 *Print retirado do site do Magalu em 10 de maio de 2023.*

CHATGPT E OS NEGÓCIOS POR JOÃO VITOR CHAVES, SÓCIO DO G4 EDUCAÇÃO

Em novembro de 2022, o mundo foi apresentado ao ChatGPT, uma interface de chat que permitiu que bilhões de pessoas conversassem com uma inteligência artificial de maneira tão simples e natural quanto trocar algumas mensagens no WhatsApp. Muitos, em um primeiro momento, disseram que aquela tecnologia nada mais era do que uma modinha, um brinquedo divertido. Outros apontaram as falhas e limitações, como o fato de a tecnologia "alucinar" informações, produzindo respostas que não correspondem com a realidade ou não têm lógica, ou não ter acesso a dados atualizados.

O que muitas pessoas ignoraram é que aquilo era somente a ponta do iceberg. O ChatGPT não é um produto em si mesmo, mas, sim, uma prova do que a inteligência artificial generativa pode fazer.

Tome, por exemplo, o estudo Generative AI at Work[141]. Ele demonstrou como o uso de inteligência artificial nos níveis atuais aumentou em 14% a produtividade de atendentes de suporte, sem impacto significativo em suas notas de avaliação de clientes.

Ou a pesquisa Comparing Physician and Artificial Intelligence Chatbot Responses to Patient Questions Posted to a Public Social

---

141 *BRYNJOLFSSON, E.; Li, D.; RAYMOND, L. Generative AI at work.* **Arxiv**, *p. 1-56, abr. 2023. Disponível em: https://arxiv.org/abs/2304.11771. Acesso em: 18 maio 2023.*

DISTRIBUIÇÃO DE PRODUTIVIDADE BRUTA, POR TRATAMENTO DE IA

A) SOLUÇÕES POR HORA

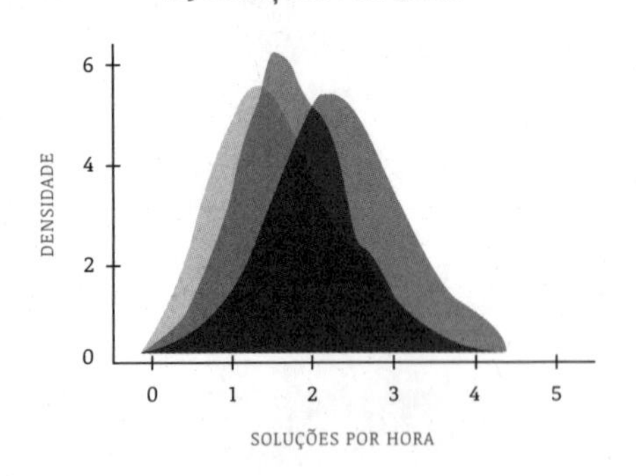

B) TEMPO MÉDIO DE ATENDIMENTO

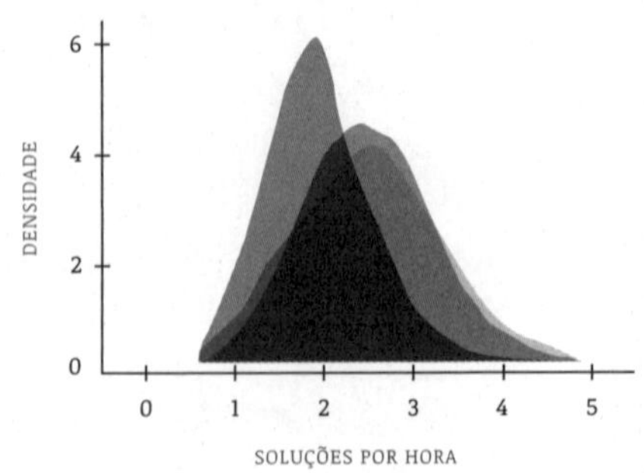

C) CHATS POR HORA

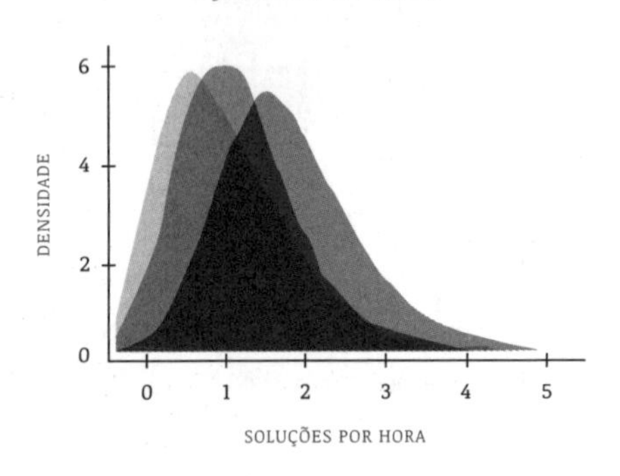

D) TAXA DE RESOLUÇÃO

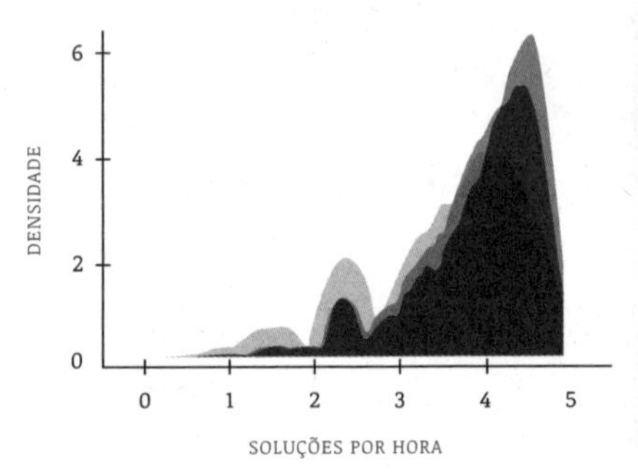

E) SATISFAÇÃO DO CLIENTE (NPS)

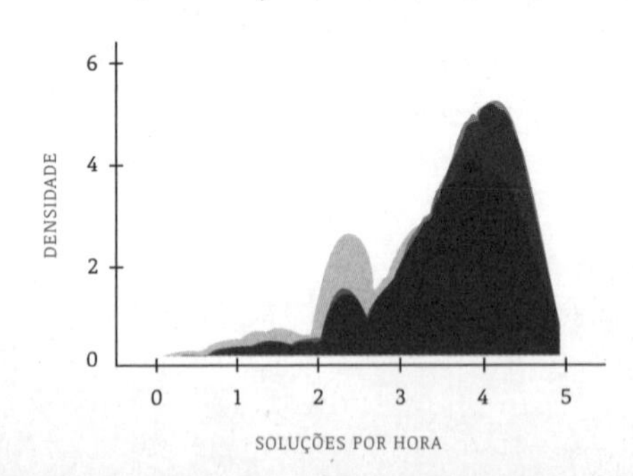

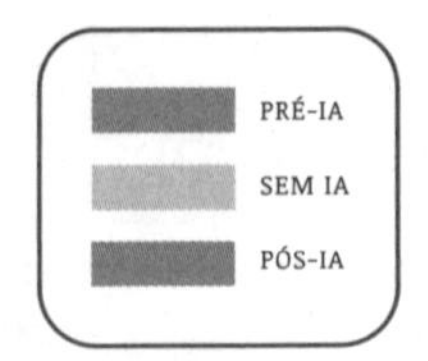

Media Forum,[142] que mostrou que respostas dadas por chatbots de inteligência artificial foram avaliadas como mais empáticas do que as respostas dadas por médicos para pacientes.

A verdade é que mesmo que os avanços com inteligência artificial parem hoje, o mundo já não será mais o mesmo. Ganhos de produtividade que variam na casa dos 30 a 50% (mensurados com base no tempo necessário para finalizar uma tarefa) já são realidade e medidos por vários estudos que foram, inclusive, baseados no gpt-3.5-turbo, que é bem menos potente que o gpt-4 (a versão mais atualizada de inteligência artificial criada pela OpenAI enquanto este livro está sendo escrito) e que sequer pode acessar a internet. Desse modo, não temos escolha, a não ser adotar a inteligência artificial como parte da nossa vida, encarando-a como algo tão natural quanto o uso do celular para resolver problemas.

A inteligência artificial é um assistente que dá respostas tão boas quanto as perguntas que você pode fazer e permite fazer coisas incríveis em metade do tempo, cuidando de tarefas chatas e repetitivas. Só que, quando mal-usada, a ferramenta pode, sim, trazer riscos e problemas.

O fato de a inteligência artificial, por exemplo, em grande parte das vezes priorizar conversas e dar uma resposta de que o usuário goste, em vez de falar a verdade, pode fazer com que ela invente números e fatos ou mesmo faça apologia a correntes de pensamento nocivas.

Por isso, a minha sugestão é simples: use a inteligência artificial, mas a trate como um assistente que precisa ser muito bem instruído sobre o que fazer. E, como acontece com todo assistente, quanto mais específico você for, melhor será o resultado. E considere que quanto menor for a sua capacidade de julgar a qualidade do trabalho, mais você deveria ser cético ao julgar a resposta criada.

Como diz o ditado: confie, mas confira.

---

142 *AYERS, J.W. et al. Comparing physician and artificial intelligence chatbot responses to patient questions posted to a public social media forum.* **JAMA Internal Medicine**, *28 abr. 2023. Disponível em: https://jamanetwork.com/journals/jamainternalmedicine/article-abstract/2804309. Acesso em: 18 maio 2023.*

9. OMNIMARKETING E CONTEÚDO

A List Index[143] é publicada pela List, uma das principais plataformas de moda do mundo, e, para chegar aos top 10, ela filtra os cerca de oito milhões de itens mais mencionados nas redes sociais, e também leva em consideração visualizações de páginas, interações e vendas no seu próprio aplicativo.

No primeiro trimestre de 2023, a lista dos itens de moda que mais bombaram no mundo neste mesmo período tinha na primeira posição uma bolsa da marca japonesa Uniqlo que custava menos de 20 dólares. O segundo item da lista era os óculos de sol da marca Rick Owens que valem 625 dólares. No restante da lista de dez há apenas itens de luxo. Fora desse perfil, só mesmo a bolsa da Uniqlo.

E como a bolsa virou o item mais badalado? Por causa de um vídeo que viralizou no TikTok, mostrando como ela era espaçosa. Foram mais de 59 milhões de visualizações. E não pense que quem fez o post foi uma grande influenciadora ou uma celebridade; era uma menina comum que ficou impressionada com a utilidade do produto. A repercussão foi tanta que várias cores da bolsa esgotaram.

Um vídeo com menos de um minuto; é isso mesmo que você leu. Esse é o poder do conteúdo. Eu sei que já falei, mas não custa repetir (e você deveria se lembrar disso todos os dias): todos

---

143 *THE LIST index: fashion's hottest brands and products Q1 2023.* ***List Insights****. Disponível em: https://www.lyst.com/data/the-lyst-index/q123/. Acesso em: 7 maio 2023.*

nós somos mídia nos dias de hoje, pois conseguimos criar e distribuir conteúdo.

Para mim, o marketing de conteúdo é a disrupção. É por meio dele que uma marca consegue ganhar a atenção do público e se destacar em meio à concorrência. Repare no que aconteceu com a bolsa da Uniqlo. Se a marca japonesa tivesse feito um anúncio, poderia atingir 1 milhão de pessoas, mas com o post isso viralizou e atingiu 59 milhões. Quanto mais pessoas forem atingidas, maiores também são as chances de conversão. Tanto é que a bolsa esgotou!

O marketing de conteúdo não é uma propaganda para você divulgar o produto ou o preço promocional. Diferentemente do *social selling*, em que o objetivo é vender, o que atrai o público é a solução apresentada, ou seja, o benefício que a pessoa terá.

> **"A principal função do conteúdo é gerar valor. Seja como entretenimento, seja como informação, o conteúdo tem inúmeras funções. Mas se ele não gera valor para quem o recebe, já nasce morto", explica Fernando Henrique Miranda, diretor de marketing da *Exame*.[144]**

Mais do que fazer um post para a sua rede social, você estará criando um relacionamento com o seu cliente, estará engajando um público que vai gostar tanto daquilo que viu, que compartilhará a publicação. Com isso, além de a sua marca ganhar admiradores, é provável que você aumente a sua rede e a sua influência. A venda, se ela acontecer, vai ser consequência desse trabalho.

A XP é um exemplo clássico da força do conteúdo. Apesar de ter surgido em meio a um cenário favorável, quando ainda em um pequeno escritório em Porto Alegre, no Rio Grande do Sul, Guilherme Benchimol, fundador da empresa, viu que tinha um desafio pela frente: alterar a maneira como os brasileiros investiam. A sua estratégia então foi apostar em conteúdo para educar as pessoas.

---

144 *Fernando Henrique Miranda em entrevista ao autor em 8 de maio de 2022.*

A compra é consequência de uma relação e não de uma negociação.

@alfredosoares

"A XP começou com uma iniciativa que tinha a educação como ponto central do processo de crescimento. O Guilherme até conta que, em um determinado momento, ele tinha dúvida se a XP seria uma faculdade ou uma instituição financeira. E até hoje ainda leva esse DNA de educação como canal de conscientização mesmo. Muito do crescimento da XP vem de uma maior conscientização da audiência de que existem produtos melhores e mais eficientes para ela por fora dos bancos", explica Fernando Vasconcellos.[145] No começo isso foi feito pelas próprias redes dos canais. Depois pelo *Infomoney*, expandindo ainda mais a audiência.

Uma das vantagens do marketing de conteúdo é que ele tem custo baixo. Você não precisa gastar horrores para colocá-lo em prática (mas isso não quer dizer que não haja marcas que tenham verbas gigantes para isso, ok?), pois existe uma mídia orgânica (gratuita) nas redes sociais. Nesse espaço, você pode publicar o seu conteúdo, e ele nem precisa ser totalmente autoral. **O seu cliente também pode ajudar a marca com o seu próprio conteúdo**, vide o que aconteceu com a Uniqlo.

Outra vantagem: como é um canal que está disponível o tempo todo, você tem uma maneira de impactar o seu cliente 24 horas por dia, sete dias da semana. Não importa o horário que ele vá buscar a informação, ela estará à disposição quando ele precisar.

Embora as pessoas associem conteúdo diretamente a um texto, ele vai muito além disso. Um texto, um vídeo, uma foto, uma ilustração, uma montagem, um som, um cheiro. Pense que criar conteúdo é ocupar espaço. O Fernando Miranda, da *Exame*, tem uma explicação que é perfeita. Ele diz que se você tem uma panela cheia de arroz, o conteúdo da panela é o arroz. Portanto, se você está na internet, na TV, em uma revista, em um jornal, qualquer que seja a mídia, o que você colocar lá será conteúdo.

Porém, isso não significa que você pode colocar qualquer coisa para preencher esse lugar. **Tenha critérios rigorosos para a escolha do seu conteúdo. É um espaço muito valioso para ser usado com displicência.** Saiba que escrever todo mundo escreve. É só dar uma geral na internet e você vai encontrar conteúdos e mais con-

---

145 *Fernando Vasconcellos em entrevista ao autor em 25 de abril de 2022.*

teúdos. Mas o que o diferencia? "Eu tenho o costume de dizer que o que eu faço, todo mundo faz, mas ninguém tem o meu jeito de fazer. E é nesse jeito que mora o diferencial, a nossa voz e a autenticidade que é capaz de chamar atenção e ganhar destaque", conta a jornalista Luísa Peleja, fundadora da agência de marketing digital CocOlab.[146]

Uma das vantagens do marketing de conteúdo é que ele tem custo baixo.

Ela ensina que esse "jeito" pode ser uma maneira própria de falar com a sua audiência, o seu ponto de vista, um método e, claro, a própria personalidade da marca. "O trabalhoso é aplicar todas essas particularidades na comunicação, mas uma vez que isso é feito, você pode falar sobre o mesmo assunto que o seu concorrente, mas sendo fiel à sua marca", explica Luísa.

Cabe aqui um ponto de atenção: as pessoas compram o porquê de você fazer o que faz. E não só um produto ou um serviço. Existe um valor agregado por trás disso que é imperceptível. A comunicação traz esse porquê nas suas entrelinhas. Quem consegue fazer isso, ganha um diferencial importantíssimo. Ele é único, é seu.

Danças no TikTok, por exemplo, podem fazer o maior sucesso para a marca do seu amigo, mas será que cabem no seu negócio? Usar o meme x ou y só porque está em alta para ganhar engajamento e métricas pode ser um erro gigantesco. "É dessa maneira que o conteúdo perde relevância e a marca se enfraquece. Se não faz sentido para o seu posicionamento, não vale a pena entrar na onda das trends só para ter views", alerta Luísa Peleja.

E como começar? Primeiro de tudo, você tem que conhecer muito bem o seu produto ou serviço. Depois, a sua audiência. Não dá para escrever para todo mundo. Faça uma lista das dez principais dores e das dez aspirações (aquilo que se quer atingir, que se almeja) desse público. A partir daí, você já tem subsídios para começar a criar peças focadas no seu cliente. Vamos falar mais sobre isso a seguir.

---

146 *Luísa Peleja em entrevista ao autor em 31 de agosto de 2022.*

STORYTELLING: A ARTE DE CONTAR BOAS HISTÓRIAS

Agora que você já sabe quem é o seu público e encontrou os assuntos em que essas pessoas têm interesse, é hora de descobrir a melhor maneira de criar esse conteúdo. Com tantas marcas produzindo conteúdo a todo momento, para se destacar, você precisa saber como contar essa história.

Saber conversar com o seu cliente por meio de uma boa história utilizando enredo elaborado e uma narrativa que o envolva é uma arte. Tanto que existe até nome para isso: storytelling. Na área de vendas, essa técnica ajuda a promover o seu negócio, aumentar o engajamento, humanizar a marca (de novo!), gerar identificação com o público. A conversão em vendas não é o principal objetivo do storytelling, embora ela possa ocorrer indiretamente. Portanto, você precisa aprender a contar uma boa história. Do contrário, brigará por preço a vida toda.

Fazer storytelling é diferente de escrever um texto comum; há uma intenção, nada que é colocado lá é por acaso. Todo o enredo, seja ele em um post ou vídeo ou até mesmo uma imagem, tem razão para estar lá. A ideia é mexer com a emoção e conduzir o cliente ao longo da história de uma maneira que ele se envolva tanto que guarde na memória o que lhe foi apresentado.

Vamos imaginar que você está fazendo um vídeo. Para ter um bom storytelling, além das imagens bem capturadas, é preciso ter uma música envolvente e uma boa história. "Se não tem boa história, o vídeo é vazio. O cliente pode até dar like, mas acabou ali. Ele nem se lembrará mais daquilo. Se tem uma boa história, mas as imagens e a música não são adequadas, também não haverá o retorno previsto. Mas, quando se une os três, o retorno é muito maior, porque você envolve quem está assistindo", explica Matheus Lins, fundador da Trinta Dezessete Films.[147]

Expert nesse assunto, ele dá um exemplo: "Criamos uma campanha para uma farmacêutica em que o briefing era falar de um produto para acne. Poderíamos mostrar os benefícios e a solução. Mas isso não envolveria quem receberia a mensagem. Então, acompanhamos a história de cinco pessoas que usaram o

---

147 *Matheus Lins em entrevista ao autor em 9 de maio de 2022.*

produto e que depois contaram a sua experiência". Isso é fazer um storytelling.

Outro exemplo de um ótimo storytelling é uma das peças da campanha Real Beleza, da Dove,[148] em que um especialista em retrato falado desenhava as mulheres sem vê-las, apenas seguindo as descrições feitas por elas. Depois ele refazia o retrato com as descrições fornecidas por uma pessoa que ela acabara de acontecer. A diferença entre as imagens era emocionante. O slogan "You are more beautiful than you think" [Você é mais bonita do que pensa, em tradução livre], fechava o vídeo. O produto não aparece em nenhuma das cenas. O vídeo é emocionante, envolvente e, mesmo tendo apenas três minutos de duração, conduz a pessoa do começo ao fim, como se pegasse na mão dela e a levasse para aquele lugar em que a cena foi gravada.

Fazer storytelling é diferente de só escrever um texto comum; há uma intenção, nada que é colocado lá é por acaso.

As campanhas da Coca-Cola também exploram muito bem o storytelling. Repare que as peças publicitárias do refrigerante sempre contam uma história relacionada à família, amizade, união, amor, confraternização. O foco está na emoção e felicidade das pessoas, sentimentos que a marca quer transmitir para quem recebe a mensagem. O refrigerante está sempre em segundo plano.

Influenciadores também são craques em criar bons storytellings. "Eles conseguem criar boas histórias porque criam um relacionamento com seus seguidores, criam uma conexão que muitas marcas ainda estão longe de conseguir", conta

---

148 *DOVE Retratos da Real Beleza | Você é mais bonita do que pensa. (2013). Vídeo (3 min). Publicado pelo canal Dove Brasil. Disponível em: https://www.youtube.com/watch?v=ABups4euCW4. Acesso em: 25 maio 2023.*

Paulo Cuenca.[149] Como trabalham com nichos, eles conseguem construir uma credibilidade com um público específico e acabam sendo importantes para a comunicação das marcas.

Como você viu, o storytelling sempre vai contar uma história. Para começar a criar o seu, eu sugiro que pegue aquelas ideias iniciais que surgiram da lista das dez dores e aspirações dos seus clientes e a partir delas:

- Elabore um roteiro com início, meio e fim. O desfecho tem que ser impactante. Daquele tipo que a pessoa vai continuar pensando nele mesmo após o fim do vídeo ou quando passar para olhar outro post.
- Inclua histórias reais. Os depoimentos de quem realmente passou pela situação dão veracidade a sua peça.
- Para envolver o ouvinte ou quem está lendo, use metáforas e exemplos. A intenção é segurar essa pessoa por mais tempo.
- Use os arquétipos (falamos sobre isso no capítulo 3) para saber qual é a melhor maneira de posicionar a sua marca na cabeça dos clientes.
- Absorva aspectos da cultura da sua audiência para trabalhar ao longo da história e relacioná-los ao seu produto ou empresa.
- Procure criar um roteiro em que a história chame a atenção da audiência nos primeiros quinze segundos. Mais que isso, as pessoas desistem da peça e seu trabalho será em vão.
- Crie um título chamativo. Uma pesquisa realizada pela Nielsen mostrou que 79% das pessoas só passam os olhos por um texto e não leem palavra por palavra.[150] Portanto, você precisa prender rapidamente a atenção do seu público.
- Elabore um slogan ou uma hashtag, que também ajudam a fixar ainda mais a ideia passada na peça.

149 *Paulo Cuenca em entrevista ao autor em 13 de abril de 2022.*

150 *NIELSEN, J. How users read on the web.* ***Nielsen Norman Group****, 30 set. 1997. Disponível em: https://www.nngroup.com/articles/how-users-read-on-the-web/. Acesso em: 10 maio 2023.*

Você já sabe que se a ideia é ligar a emoção, o melhor é usar um storytelling. Mas se a sua estratégia é pautada em venda ou em conduzir o público para uma determinada ação planejada pela marca, você precisa ser mais persuasivo e aplicar outra técnica: o copywriting. Esse é o segredo por trás dos anúncios irresistíveis que você vê no marketing digital. Ou seja, é o conteúdo que vende. E ele pode ser um post no Instagram ou um anúncio na TV. Em qualquer conteúdo você pode aplicar a técnica.

O produto do copywriting é a copy. Fazer uma copy perfeita é algo almejado por 10 a cada 10 pessoas que trabalham com marketing. Assim, a primeira coisa que precisa ter em mente é que você quer que a pessoa tome uma atitude. Usar verbos de ação, como "ligue", "chame", "clique", "corra", "não perca", "baixe", "faça o download" é uma estratégia obrigatória da copy. Sem isso, você não ensina ao cliente o que quer que ele faça. Além disso, usar cores chamativas e focar a dor e solução são outros parâmetros.

O que mais a sua copy deve ter? Para facilitar, fiz uma lista básica:

» Gatilhos mentais (escassez e urgência, conexão, especificidade, exclusividade, reciprocidade, prova social, autoridade etc.).
» Números e pesquisas, isso dá mais valor ao seu conteúdo.
» Palavras-chaves para aumentar a eficiência nas buscas, sejam orgânicas ou pagas.
» Empatia, procurando sempre se colocar no lugar da pessoa que vai ler e pensar como ela para entendê-la.
» Chame a atenção com a dor e apresente a solução em seguida. Por exemplo: "Está precisando melhorar a sua performance? Essa ferramenta vai te ajudar".
» Fale diretamente com o seu cliente, usando sempre o pronome de tratamento "você".
» Revise. Um erro de ortografia destrói toda a sua reputação.

Copywriting e storytelling podem ser complementares. Ou não. Você pode optar por uma ou outra, dependendo da sua estratégia de marketing, do momento da sua campanha, ou do funil. Ou ainda usar a copy para uma venda e o storytelling para uma campanha institucional. O importante é apostar no conteúdo. Esse sempre será o grande chamariz para o seu cliente.

OMNIMARKETING: DESCOBRINDO NOVOS CANAIS

Agora que já resolveu a questão da produção de conteúdo, vai ter que pensar em como e em que momento usar esse conteúdo. Isso mesmo! Cada conteúdo tem a sua relevância, o melhor momento para ser usado dentro da jornada do cliente e o canal ideal de distribuição. Não dá mais para pensar em distribuir somente em um canal.

É aqui que entra o conceito de omnimarketing, que é justamente essa construção de novos canais – canal de mídia, canal de audiência, canal de vendas, canal de reputação – e a integração deles. Pode ser um blog, uma landing page, um vídeo, e-book, informativo técnico, template, e-mail marketing, webinars, slideshare, amostra/testes grátis, entre outros.

Dentro de uma jornada, você pode trabalhar com esses canais de acordo com o seu objetivo e com o momento em que o cliente está.

Observe:

Repare que, para cada momento da jornada, há um conteúdo e canais diferentes a serem explorados. Em cada um deles, você precisa criar o conteúdo que interesse ao seu cliente, mesclando diferentes canais.

JORNADA	**APRENDIZADO E DESCOBERTA** Materiais + amplos para chamar atenção	**RECONHECIMENTO DO PROBLEMA** Materiais sobre problemas	**CONSIDERAÇÃO DA SOLUÇÃO** Materiais específicos sobre soluções	**DECISÃO DE COMPRA** Materiais sobre problemas
CONTEÚDO	> Abordagem mais ampla de oportunidades ou problemas	> Abordagem mais específica dos problemas	> Soluções existentes > Ferramentas > Softwares > Metodologia	> Prós e contras > Comparações > Testes > Tira-dúvidas
CANAIS	> Posts > E-books > Vídeos (YouTube + webinars)	> Relatórios analíticos > Informativo técnico > Artigos > Vídeos (YouTube + webinars) > Landing page + e-books > Webinar	> Estudo de caso > Artigos/guias com especialistas > Vídeos (YouTube + webinars) > Landing page + e-books > Webinar	> Amostra/ testes grátis > Comparativo > Perguntas frequentes > Vídeos (YouTube + webinars)

Esse quadro é só um exemplo, mas se você quiser ousar, existe um espaço enorme para a construção de novos canais. O marketing precisa ser disruptivo. O aplicativo de transporte 99, por exemplo, criou um canal de audiência e de vendas em parceria com o chiclete Trident. Ao comprar a edição especial da goma de mascar, toda personalizada com as cores do aplicativo, o cliente ganhava um cupom de desconto para ser usado no transporte.[151]

A ideia que você deve sempre passar é de que está ajudando o seu cliente. Ele precisa sentir esse apoio nas entrelinhas. Assim, você passa uma visão positiva da marca e essa pessoa fica mais propensa a fazer negócios com marcas de que gosta e com as quais se identifica.

Ao apostar no omnimarketing você oferece conteúdo para o cliente ao longo da jornada, usando – ou até mesmo criando – canais de acordo com cada momento. Porém, contemple toda a jornada, sem deixar furos. "Importante é ter a jornada sem buracos para alguém não precisar sair dela e encontrar a jornada do outro. Temos que pensar em capturar as pessoas o quanto antes", ensina Vitor Peçanha, cofundador da Rock Content[152].

Creio que até aqui eu já tenha conseguido mostrar a importância de apostar no marketing de conteúdo como uma estratégia relevante para a sua marca. Porém, essa ideia ainda não foi inteiramente incorporada pelas empresas. De acordo com um levantamento realizado pelo Content Marketing Institute, apenas 40% dos departamentos de marketing adotam o marketing de conteúdo como estratégia.[153]

Isso significa que ainda continuam criando conteúdo por criar, sem uma intenção forte, sem uma técnica aplicada. Só escreven-

---

151 *99 E TRIDENT se unem para oferecer benefícios aos clientes.* **99**, *2 maio 2019. Disponível em: https://99app.com/newsroom/99-e-trident-se-unem-para-oferecer-beneficios-aos-usuarios/. Acesso em: 3 abr. 2023.*

152 *Vitor Peçanha em entrevista concedida ao autor em 30 de agosto de 2022.*

153 *CONTENT MARKETING INSTITUTE.* **B2B content marketing:** *benchmarks, budgets, and trends. 13th Annual. Disponível em: https://contentmarketinginstitute.com/wp-content/uploads/2022/10/b2b-2023-research-final.pdf. Acesso em: 10 maio 2023.*

do. O que eu vejo é uma imensa oportunidade para quem vai investir nisso. É uma chance de sair na frente e atrair e converter o cliente antes da concorrência.

Então não seja displicente, aposte nos profissionais certos para colocar a sua estratégia em dia. Hoje, trabalhar com marketing e, portanto, com conteúdo exige uma visão que vai além do saber escrever e ler dados para impulsionar o desempenho. O time precisa ser composto pelo profissional copywriter, que entenda de programação e tenha senso de comunidade. Times com essas características estão mais propensos a perceber que eles fazem parte de uma missão e que os valores da marca são essenciais em seu trabalho. A bandeira da marca precisa ser carregada por eles o tempo todo. E por mais que o ChatGPT esteja por aí escrevendo textos, fazendo copys e criando conteúdo, sempre haverá a necessidade de criar as estratégias corretas para as marcas crescerem.

O marketing de conteúdo, aquele de que o consumidor precisa e quer ouvir, é a sua chave para se destacar no meio digital. Desprezar esse potencial é jogar pela janela a oportunidade de atrair o seu cliente e tê-lo ao seu lado em toda a jornada. Portanto, sugiro que desde já você incorpore essas técnicas na sua comunicação. Quanto antes capturar a atenção do seu cliente, menos chances dará para que ele procure a concorrência, e ainda ganhará um apaixonado pela sua marca. Escolha já em que lado você quer estar!

Movimentos
endossam atitudes
e marcas humanas
engajam multidões.

@alfredosoares

10.
NÃO BASTA TER CLIENTES, É PRECISO CONHECÊ-LOS

Há muitos anos eu venho estudando o comportamento do consumidor no varejo e a sua jornada de compra. Este livro nasceu justamente das observações que faço. Em todo esse tempo, o que mais mudou não foi a maneira como o cliente compra, mas, sim, o modo como as marcas o percebem, fazendo-as buscar conhecê-lo cada vez mais. O cliente virou o jogo e se tornou protagonista do varejo.

Não dá mais para pensar em estratégia de vendas sem colocar o cliente no centro. O customer experience (CX) não é mais assunto só para grandes empresas. Se você pensa assim, esquece. Já passou da hora de mudar essa percepção. O customer experience pode ser simples. Se você tem um bom produto, manter uma comunicação adequada, um pré-vendas, vendas e pós-vendas atencioso é um indício positivo.

Olha só como é simples. Um cliente liga para a sua loja para reclamar que o produto que comprou não chegou no prazo combinado. Duas situações:

- *Situação 1:* você atende o telefone e, ao ouvir a reclamação, pergunta quando ele fez a compra. Então diz que vai abrir um protocolo para averiguar o que ocorreu e o prazo de retorno é de três dias. Pede, então, que o cliente aguarde.
- *Situação 2:* você atende o telefone e, antes mesmo de ouvir a reclamação, pergunta o nome do cliente e deseja bom-dia. Em seguida, pede que ele relate o problema. No mesmo momento, já analisa a situação e explica o que aconteceu com a entrega.

Também se compromete a resolver o caso com máxima urgência. De quebra, oferece um cupom de desconto para o cliente usar na próxima compra.

Em qual das situações você acredita que o cliente se sentiu mais prestigiado? Claro que foi na segunda. Um bom-dia no momento adequado, chamar o cliente pelo nome, resolver o problema quando ele aparece, responder quando é solicitado... ao agir dessa maneira, você já está praticando o CX.

E qual foi o custo da primeira em relação à segunda? Exatamente o mesmo. Isso é uma prova de que o CX básico não custa caro. Aliás, ele nunca deve ser encarado como custo. "Ele se traduz em lucro para a empresa, porque a experiência aumenta o ticket médio do cliente, a frequência dele na loja e ainda o período de relacionamento com a marca", explica Dennis Wang, ex-CEO da Easy Taxi e ex-VP da Nubank, especialista em customer experience (CX).[154]

Colocar o cliente no centro também faz todo sentido quando analisamos o que gera valor para ele. Antigamente, de acordo com o professor Thales Teixeira, autor do livro *Desvendando a cadeia de valor do cliente*,[155] uma pessoa que queria comprar um produto, qualquer que fosse, seguia o mesmo roteiro:

Avaliação dos produtos → escolha do ideal → compra do produto → consumo → descarte (ou venda)

Porém, esse novo consumidor não tem mais tempo para passar por todas essas etapas, ele precisa de agilidade. Ele quer pesquisar o produto em casa e chegar na loja já com a decisão de compra tomada. Ou quer experimentar antes e só decidir depois. A jornada mudou, o que forçou as marcas a mudarem seu foco também.

Em vez de atender a toda a cadeia, como mostrou o esquema anterior, é melhor focar e ser excelente em um único seg-

---

154 *Dennis Wang em entrevista ao autor em 4 de abril de 2022.*

155 *TEIXEIRA, T.* **Desvendando a cadeia de valor do cliente**. *Rio de Janeiro: Alta Books, 2019.*

mento, oferecendo uma experiência inesquecível ao seu cliente. Daí surge o *decoupling* ou a cadeia de valor desacoplada, como chama o professor Thales Teixeira. Diferente da anterior, em que um player oferecia o serviço de ponta a ponta, agora os elos são quebrados. Veja:

Avaliação do produto — **escolha do ideal** — **compra do produto** — **consumo**

Nesse novo modelo, as etapas não têm ligação entre si; há uma quebra dos elos entre as atividades do cliente que tradicionalmente são oferecidas em conjunto.[156] Portanto, uma marca pode oferecer a avaliação do produto (exemplo são as caixas por assinatura) e outra oferece a experiência de compra.

A Amazon trabalha assim. Quando deixou de vender livros e aumentou o seu portfólio, a empresa não tinha a intenção de se tornar um local para pesquisa de produto. O que ela focou foi em ser a melhor na venda e no processo de pós-venda, com uma entrega rápida e segura.

O Rappi é outro exemplo de *decoupling*, que ajuda o cliente a escolher o produto e recebê-lo sem ter que passar por atividades intermediárias, focando em uma única atividade: a entrega. Quinto Andar também praticou o *decoupling* ao quebrar toda a cadeia e oferecer aluguel de imóveis de maneira descomplicada, sem o interessado sequer precisar sair de casa.

Essa visão traz um alerta importante para as marcas. Elas já não perdem apenas clientes, mas podem perder também atividades dentro dessa cadeia de valor do cliente. Se o cliente não quer mais ir até a loja pesquisar um produto e prefere fazer tudo pela internet, talvez seja o momento de se concentrar no que ele precisa, identificando os pontos de melhoria, em vez de oferecer toda a cadeia. Como fazer isso? Baseado na teoria do professor Thales, eu separei quatro dicas:

---

156 *THALES Teixeira fala sobre a transformação digital focada no cliente. (2021). Vídeo (42min11s). Publicado pelo canal ABES Software. Disponível em: https://www.youtube.com/watch?v=s2hbp5Kdo6Q. Acesso em: 15 maio 2023.*

1. Identifique o tipo de valor que o cliente busca (como esse valor é criado, atritos e como ele é capturado).
2. Ache o elo mais fraco dessa cadeia (aqui está uma grande oportunidade de melhoria).
3. Melhore de maneira clara a experiência nesta etapa (gere ganhos monetários, de tempo ou de esforço).
4. Antecipe a resposta competitiva e os caminhos do cliente.

De novo, a experiência do cliente está à frente. É ele quem manda, é ele quem conduz, não adianta chorar ou forçar o diferente.

CONTEÚDO + EXPERIÊNCIA: UM NOVO FUNIL

A cadeia de valor não é a única coisa que está mudando. O funil de vendas tradicional, embora ainda seja muito útil e tenha o seu valor, também precisa ser repensado. Eu digo isso porque ao longo da sua filtragem, a satisfação do cliente e a experiência de marca são preocupações genuínas apenas na parte final do processo, quando a venda já aconteceu.

Ora, se acabamos de falar que CX é importante até mesmo antes de o seu cliente se tornar, de fato, seu cliente, então o funil precisa também acompanhar esse processo. A evolução é o modelo Flywheel, um funil que coloca o consumidor no centro de todos os processos.

O Flywheel tem como objetivo principal construir audiência com conteúdo e comunidade, engajar o público para criar confiança e ter relacionamento, encantar e expandir a memória por meio das experiências. Essa pessoa é estimulada a participar da comunidade, gerando ainda mais audiência, influência e indicações.

O Flywheel é um circuito contínuo, sem começo, meio ou fim.

Assim, por meio de conteúdo, relacionamento, experiência e audiência, o modelo Flywheel faz os clientes criarem mais audiência usando técnicas que atraem, engajam e encantam. E ele está sempre dentro desse processo. Diferente do funil, em que, quando a venda ocorre, o relacionamento acaba, no Flywheel ele continua a girar.

Marcas sem comunidades são como cidades sem moradores.

@alfredosoares

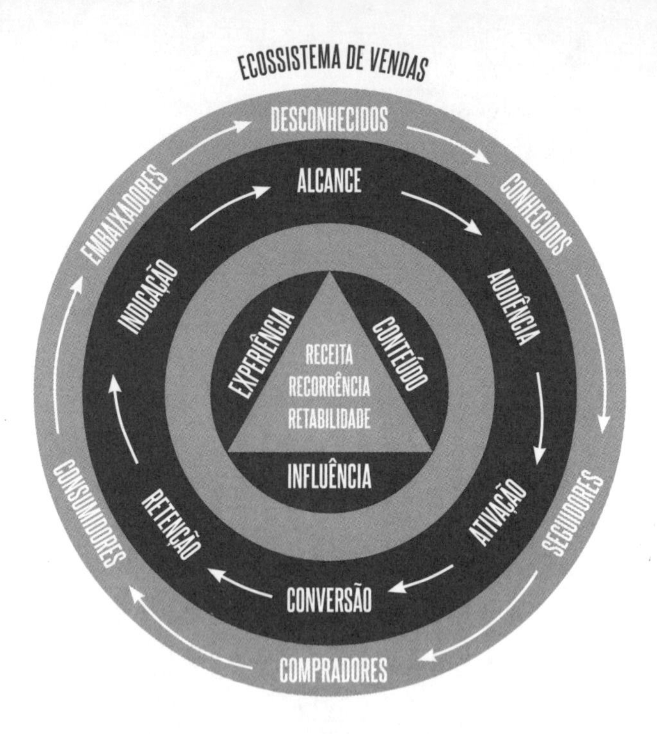

DADOS + MÍDIA = MÍDIA PROGRAMÁTICA E MARKETING CONTEXTUAL

Ao colocar o cliente no centro, o Flywheel permite que você crie uma jornada segmentada focada na necessidade do consumidor. Isso inclui escolher também a maneira como vai impactá-lo por meio de anúncios. Pense que está cada vez mais caro anunciar, então você precisa ser assertivo desde o princípio.

> **"Sempre pense que o consumidor é o detentor de quando, onde e como ele quer ser impactado. Uma das coisas mais importantes para o futuro de uma empresa é criar sua base de dados própria sobre seus clientes e sobre os não clientes. É caro anunciar para quem é o seu cliente ideal e mais caro ainda anunciar para todo mundo, em busca de um cliente ideal", explica Alberto André, CEO da ETUS Media Holding.[157]**

---

157 *Alberto André em entrevista ao autor em 31 de agosto de 2022.*

E com tantos recursos na publicidade digital, não faz o menor sentido gastar dinheiro à toa. Se há quinze anos o anunciante que queria anunciar em um site, televisão, outdoor ou qualquer outra mídia tinha que entrar em contato com a empresa e negociar a compra de um espaço, isso já não existe no digital. Este não só permitiu ter uma especificidade maior em relação a seu cliente, como também agilizou todo o processo. Hoje, compra-se espaço por meio da mídia programática.

Mas, afinal, o que é a programática e como ela ajuda o seu negócio a vender mais? Nesse tipo de publicidade, a compra de espaços publicitários é realizada de maneira automatizada e orientada por dados. Em uma plataforma, o anunciante tem acesso a todo histórico de um veículo de comunicação e consegue determinar, a partir da sua verba e do seu objetivo, onde e quando quer anunciar.

A compra da mídia é feita por meio de um software, sem contato com os proprietários de sites, agências ou outras pessoas. E, na maioria dos casos, a negociação é feita por leilão, em tempo real (o processo é chamado RTB ou *real time bidding*), ou seja, enquanto o anúncio é exibido para o cliente. Tudo é feito em milésimos de segundo, e quem exibe o anúncio é quem oferece o melhor preço, semelhante às negociações no mercado financeiro.

Embora tenha surgido na internet, nas campanhas publicitárias no meio digital, é possível usar a mídia programática para campanhas na TV, rádio, podcast, OOH e em outros formatos que se adéquem à campanha planejada. Até pode ser nos links patrocinados nas buscas do Google, banner em sites, vídeos, *pre-roll* e *mid-roll* (anúncios que aparecem, respectivamente, antes e no meio de um vídeo dentro do YouTube).

A maior vantagem da mídia programática é a segmentação por público-alvo, que é muito mais assertiva, pois a compra do espaço é toda baseada em dados. O anunciante define, com antecedência, perfil da campanha, faixa etária do público que quer atingir, localização, hábitos, preferências de consumo, fase da jornada de compra, entre outros detalhes. É a entrega perfeita da mensagem correta para o público correto no momento correto.

Anunciar deixará de ser algo somente baseado nos dados analíticos e passará a contar também com um contexto.

Aliás, por ser composta dessa montanha de dados, a compra programática facilita muito a abordagem de funil completo e do Flywheel, pois permite tomar decisões estratégicas focadas na segmentação precisa do seu público, distribuindo o orçamento em todo o seu funil de compras.

Para conseguir ter essa montanha de dados, porém, a mídia programática se utiliza de cookies. “Quando você domina esses rastros deixados na internet, sabe que tipo de interesse serve para essas pessoas”, explica Cesar Sponchiado, CEO da TunAd, e especialista em mídia programática.[158] O problema é que o uso de cookies está ficando cada vez mais restrito. A proibição da coleta desses rastros vai exigir da publicidade digital uma abordagem associada à da mídia programática.

Anunciar deixará de ser algo somente baseado nos dados analíticos e passará a contar também com um contexto. É nesse cenário que surge o marketing contextual, que é o conteúdo adaptável de marketing, moldado a partir de circunstâncias especificadas dos consumidores.

Segundo Ricardo Monteiro, sócio da TunAd,[159] com a eliminação dos cookies, toda a parte de medição do on-line passa a ser por atribuição. Então, na hora de usar a programática ou qualquer outra ferramenta de ads no on-line, o contexto passa a ser uma das coisas mais importantes a ser considerada.

---

158 *Cesar Sponchiado em entrevista ao autor em 11 de julho de 2022.*

159 *Ricardo Monteiro em entrevista ao autor em 11 de julho de 2022.*

"No marketing contextual, para a gente saber se existe ou não chance de um criativo trazer resultado de conversão, temos que saber se ele está atingindo as pessoas no momento certo e falando de uma coisa que tem a ver com elas e com o que estamos colocando no momento. Caso contrário, esse criativo ou esse anúncio será rejeitado pelo consumidor ou nem será percebido. Por outro lado, quando o consumidor encontra um anúncio de um produto no meio de um contexto que lhe agrada, ele parece mais próximo aumentando a consideração de levá-lo a um funil de decisão", explica Ricardo Monteiro. Essa consideração é relevante porque como o anúncio aparece no contexto exato em que a pessoa está sugestionada àquilo, pega esse cliente potencial em um momento propício.

E acredite: as pessoas gostam de receber anúncios personalizados. Por mais que os cookies limitem os anúncios, por mais que a Lei Geral de Proteção de Dados Pessoais restrinja o acesso aos dados, quem navega na internet gosta de receber conteúdo relevante. Como resolver essa questão? Diversificando o seu plano de mídia de modo que ele abranja novos canais.

Além de Google Ads e Meta Ads, estamos nos encaminhando para um futuro em que múltiplas plataformas estarão à disposição das marcas. Apple Ads, Netflix Ads, Spotify Ads e assim por diante. "Essa é uma tendência, e as marcas terão uma cartela gigante de locais onde poderão anunciar", explica Diego Santana, CEO da Ecommerce Rocket.[160]

Dentro desse novo contexto, o cliente será impactado onde ele gosta de estar. O que eu vejo é que o pixel, aquela tag que você instala em seu site ou e-commerce e consegue identificar o perfil das pessoas que estão acessando para continuar entregando anúncios da sua marca quando ela sair da página, vai se tornar ainda mais importante. Tanto para permitir a mensuração dos resultados dos anúncios, como também para mostrar os anúncios para as pessoas certas e, consequentemente, vender mais.

Mais uma vez, é o cliente que está no centro do jogo. Ele coloca as cartas e escolhe onde quer estar, o que quer fazer, como quer consumir, onde quer consumir e até mesmo que anúncios

---

160 *Diego Santana em entrevista ao autor em 15 de setembro de 2022.*

quer ver. Esse é um caminho sem volta. Portanto, não dá para não pensar em conteúdo, em influência e em experiência. Sua empresa precisa desses três conceitos com o foco totalmente voltado ao cliente se quiser construir uma marca forte e longeva.

Pense da seguinte maneira:

CONTEÚDO → ATRAÇÃO
INFLUÊNCIA → CONVERSÃO
EXPERIÊNCIA → FIDELIZAÇÃO

Diante de tudo que você aprendeu até aqui, me responda: há como construir uma marca sem esses três pilares? A maneira de impactar o consumidor está mudando. As pessoas querem ver o que é do interesse delas. Se você não se lembrar disso, pode queimar rapidamente a sua marca. Portanto, crie quase um mantra dentro do seu negócio: conteúdo assertivo, poder da influência sobre a sua audiência e experiência focada no cliente. Esse é o caminho para atrair, converter e reter.

Eu sei que não estou entregando uma fórmula pronta, até porque ela não existe, mas dá para seguir esse caminho e estar à frente da concorrência. Vai dar trabalho? Sim, mas lembre-se: a venda é só uma parte da sua jornada como empreendedor. Não se esqueça disso!

11. SUA MARCA, O SEU LEGADO

Este é o terceiro livro que escrevo. Quando decidi me dedicar a mais essa tarefa, tinha como principal objetivo popularizar o branding e mostrar para as empresas que é possível construir uma marca por meio das pessoas. Afinal, os clientes são um ativo muito importante para ser desperdiçado. Mas, ao longo da redação, este livro caminhou sozinho para um lugar diferente e foi além, muito além do que eu mesmo poderia imaginar.

O que entrego nestas páginas é um verdadeiro ecossistema de vendas alinhado à real jornada do consumidor. Incorporar esse conceito é trabalhar em uma cadeia de negócios interconectada em que todos os departamentos geram valor de uma ponta a outra da empresa. Entender como isso funciona vai ser um up para a sua marca produzir resultados mais consistentes a longo prazo.

O varejo mudou muito nos últimos anos. Construir uma marca já não significa somente ter um produto para vender com um nome que chame a atenção. O jogo virou completamente. As marcas ganharam personalidade, ganharam tom de voz, ganharam um propósito que transcende a elas mesmas, ganharam um jeito próprio de se comunicar com os seus clientes e se tornaram mídia.

Já não é preciso comprar o espaço na TV para se comunicar com seu público. Quer contar que tem um novo produto? É só disparar um e-mail para a base de clientes que estão no seu CRM e divulgar a novidade ou então publicar nas próprias redes sociais.

Ao mesmo tempo que as marcas ganharam vida, os clientes também conquistaram um espaço de protagonismo que, até uma década atrás, não existia. Diante disso, as antigas técnicas de vendas já não fazem mais sentido. As marcas têm um desafio enorme de crescer perante tantos canais e perfis de consumidores, diante da mudança de consumo.

Nesta nova era, um pré-adolescente já é impactado pelas marcas e tem poder de decisão de compra. Por menor que seja, isso gera retorno para as marcas. Porém, ao mesmo tempo que essa criança consome, eu também consumo, meus pais consomem, minha avó consome. E eu estou falando do mesmo produto. Quer um exemplo? O iFood. Qualquer faixa etária pode ser um consumidor do aplicativo.

Como vender e se comunicar com todos esses públicos ao mesmo tempo? Como promover engajamento? Como atrair esses consumidores? Antes, falava-se da mesma maneira em todos os canais, seja ele de conteúdo, de vendas ou de encantamento. Agora o que vale é criar empatia e ter uma comunicação mais direcionada para o cliente. Ele tem que sentir que a marca está falando com ele como se fosse um amigo íntimo. Saber se comunicar, portanto, é ter um ás de espadas escondido embaixo da mesa.

Não dá mais para brincar de empreender. Ou você empreende e se entrega de ponta a ponta a esse novo cenário, ou está morto. Estamos no meio de uma transformação de comportamento e o que eu quero é que você esteja preparado para o que estiver por vir.

Quero que, ao fechar este livro, você construa a sua marca, crie autoridade e conquiste audiência para ter engajamento na comunicação do seu negócio. Esses são elementos fundamentais em uma estratégia de venda sustentável. Acredite em mim: os melhores negócios são baseados nestes elementos. E você já tem todos de que precisa para seguir em frente.

O caminho da vitória é feito de persistência, vontade e amor ao que você faz. Lembre-se do seu propósito. Lembre-se daquela força que sentiu quando começou a criar a sua marca. Lembre-se da paixão de acordar todos os dias e colocar todas as suas forças para fazer aquele pequeno negócio crescer e se transformar em algo grandioso. Isso é possível, e depende de você e do seu esforço.

Declare um
futuro improvável.
Use o presente para criar
as possibilidades.
Tenha mais paixão por
esse futuro do que
orgulho do seu passado.
Estou do seu lado
nessa caminhada.

Bora juntos?

12. TRANSFORMANDO SUA MARCA PESSOAL EM NEGÓCIOS

ENTREVISTA COM SABRINA SATO, CARLINHOS MAIA E NATI VOZZA

PESSOAS LTDA.

Ninguém sabe ao certo quantos influenciadores existem no Brasil. Como você leu no capítulo 7, há pesquisas que falam em 500 mil influenciadores, mas há números muito maiores que este apontando mais de dois milhões. Eles estão por toda parte. No Instagram, no Facebook, no YouTube, no TikTok, nos programa de televisão, no Spotify ou em todos os lugares ao mesmo tempo. Eles não passam despercebidos.

De pessoas comuns que começaram a dividir suas vidas na internet ou o seu conhecimento em alguma área, algumas dessas pessoas se tornaram top celebridades que faturam milhões de reais por mês. Tanto que eles próprios se tornaram marcas. É o que eu chamo de pessoas ilimitadas. Para entender como esse mercado funciona, conversei com três dos maiores influenciadores do Brasil – Sabrina Sato, Carlinhos Maia e Nati Vozza – juntos, eles somam mais de 60 milhões de seguidores apenas no Instagram.

Embora tenham começado sem qualquer intenção de se tornarem big influencers, todos eles construíram uma carreira sólida baseada em confiança e proximidade com a sua audiência. Veja o que eles me contaram:

• Quando começou a atuar como influencer e qual foi o seu diferencial?

Eu comecei a atuar quando nem existia esse nome "influenciador digital". Era blogueiro mesmo. Eu vivia na periferia do interior alagoano e não me conformava com a pobreza, em não poder comprar o que eu sonhava. Tinha tanta força dentro de mim que precisava fazer alguma coisa. Tentei várias: rádio, jornal, tudo que eu pudesse me comunicar e as pessoas pudessem prestar atenção em mim. O que eu queria era ser alguém e consegui por meio da internet. Que bom que a internet aconteceu.

• Por que acha que o público se identifica com você? O que o aproxima do seu público?

Quando fui para a internet, reparei que tinha uma bolha que não tinha um influenciador. Eram justamente as mães. O Paulo Gustavo fazia isso muito bem com *Minha mãe é uma peça*, mas vi que na internet ninguém falava com essas senhoras que chegavam à noite do trabalho, cansadas, e gostariam de ter um filho perfeito que perguntasse como foi o seu dia e trocasse amor com elas. Por isso, a interação com a minha mãe é tão forte. Então essa aproximação sempre foi pensada, sempre busquei esse público. É um público fiel e o amor de mãe é surreal, é protetor e vai até o fim da vida. Então me tornei um filho digital. Meu conteúdo é todo voltado para memórias afetivas entre mãe e filho.

• Como foi perceber que Carlinhos Maia não era mais só um influencer e passou a ser uma marca?

Essa transição veio com o respeito das pessoas nas ruas, a maneira com que elas me tratavam, como me abordavam e falavam como gostavam do que eu fazia. Fui percebendo que, o que eu fazia, não era só o doidinho que faz humor na internet, comecei a reparar que as pessoas me tratavam de maneira diferente na rua, eu tinha mais autoridade. Ou quando diziam que se inspiravam em mim, entendi que eu fazia mais do que um vídeo engraçado na internet com a minha mãe. Percebi que isso tinha mudado quando as pessoas mais velhas, médicos, engenheiros, policiais ou empresários vinham falar que estavam aprendendo comigo e com os meus gatilhos de influência. Então vi que estava atingindo um público que não estava só interessado em dar risada no fim do dia. Porém, para se consolidar como marca, o que fiz foi não fazer muitas marcas. Então não me deixei levar pelo "publipost", pelo dinheiro que vinha rápido por esse meio, pela troca de "@". Sabia que não importava o que eu falasse, iria virar um catálogo. E eu não queria virar um catálogo. Então precisei dar muitos "nãos", valorizar o meu perfil, o meu passe e entender que eu não poderia fazer tudo. Por mais que o dinheiro fosse legal e que eu poderia ganhar dinheiro deitado em casa, entendi que teria que dar mais "nãos" do que "sins". E quanto mais conteúdo sobre mim eu entregava, mais o Carlinhos Maia virava uma marca que poderia englobar outras marcas. Sempre sem tirar o foco na minha marca principal, que é justamente eu.

- **Você criou agora um banco. Quais foram os outros resultados que atingiu ou empresas que surgiram como resultado desse trabalho?**

Eu acho que só de falar de um banco criado por um influenciador, nem precisa falar de mais nada. Eu me orgulho muito, o banco já está em 1,3 milhão de clientes. Ainda é muito novo, entendo pouco do mercado, mas cedi o meu nome e confiei em diversos sócios. Ainda estou surfando essa onda e aprendendo. Estou injetando público nesse banco e torcendo para ele vire. Mas tenho também a franquia de hambúrguer que já tem 400 lojas.

- **Qual é a sua opinião sobre o poder da influência, do conteúdo e da experiência para uma marca nos dias atuais?**

Quem não estiver na internet, está fora do futuro. É assim que defino a influência digital. Não dá mais para voltar atrás. O futuro já nasce com um celular na mão. E a gente, que vem de uma geração em que o celular não era o ponto ápice da vida das pessoas, tem que entrar. Tem que deixar o preconceito de lado e parar de achar que é bobagem, que é só dancinha, que é besteira. É o futuro! E a influência é muito maior do que as pessoas imaginam.

- **Como vê esse mercado em cinco anos?**

Estará uma loucura ainda maior. Não tenho uma definição dos próximos passos, mas eu posso dizer que estarei lá.

• Quando começou a atuar como influencer e como foi esse início? Qual foi o seu diferencial?

Comecei o blog Glam4You em 2008 e era, na verdade, uma brincadeira. Pensei que poderia usar como portfólio no futuro, eram poucas blogueiras que existiam na época, tanto brasileiras como estadunidenses. Então não tinha como saber se isso poderia ser um trabalho. A verdade é que eu acredito que a diferença foi que eu me doava àquilo mesmo sem saber se aquilo poderia ser um dia o meu trabalho. Mas eu me predispus a fazer dar certo. Então eu fazia um, dois, três posts por dia, todos os dias da semana, sem ganhar um centavo. Não fazia diferença se eu estava em casa ou viajando, esses posts eram feitos sem falta. Eu carregava uma câmera para cima e para baixo e escrevia em primeira pessoa, conversava muito com o meu público. Para mim, acho que esse foi o diferencial que fez com que eu chegasse aonde cheguei, porque eu tinha uma proximidade muito grande com o meu público, com quem me seguia.

• Até 2020 você ainda manteve o blog Glam4You. Por quê? De que maneira o blog era usado na construção da sua marca?

Ele ainda tinha uma audiência muito grande e eu não via sentido em parar de abastecê-lo. Mas não era mais o meu foco e eu não conseguia mais dar atenção para ele como deveria. Mas estava no meu limite, muito sobrecarregada. Então só fazia alguns posts e tinha várias colaboradoras que escreviam sobre assuntos específicos. Acredito que ele foi usado na construção da minha marca justamente por causa dessa pessoalidade dele. Eu conversava em primeira pessoa, dava dicas, contava sobre a minha pessoa, desabafava, falava o que eu pensava. E essa coisa de mostrar vulnerabilidade na internet ainda era algo novo. As pessoas foram criando uma conexão tão forte comigo que mesmo que elas não concordassem com tudo o que eu fazia, o laço dessas conexões se mantinha.

• Como foi transformar a blogueira Nati na marca Nati Vozza?

Tudo aconteceu de uma maneira muito natural, porque eu escrevia o blog em primeira pessoa sem aparecer. Depois, aos poucos, fui aparecendo, fui começando a me mostrar cada vez mais, tanto o meu rosto como as minhas vulnerabilidades. Então foi tudo muito orgânico. Fui começando a ser contratada por marcas. Eu nem sabia como fazer esse trabalho, não sabia nem cobrar. Fui aprendendo enquanto fazia. E seguiu assim até criar a minha própria marca. Foi um caminho natural. Sempre foi o meu sonho. Fiz faculdade de Moda, já tinha tido uma marca muito pequena em que eu fazia tudo. Quando percebi que tinha um nome forte na internet e que já estava vendendo o meu espaço para outras marcas, vi que existia um caminho. Então usei o dinheiro que ganhava de publicidade no blog, a influência que tinha com os meus seguidores, a imagem que construí ao longo dos anos e decidi que era o momento de ter a minha marca.

• Mesmo com a venda da NV para o Grupo Soma, você continua sendo o principal rosto da marca, inclusive fazendo o provador das roupas. De que maneira seu público se identifica com você?

Acredito que é exatamente porque nunca tentei passar a imagem perfeita, pois, desde o blog, mostrava as minhas vulnerabilidades. Tinha diário de viagem, de grávida, de mãe, e eu contava as minhas dificuldades. Isso construiu um laço de respeito e admiração muito grande. Meu público me viu chorando, sorrindo, em todos os momentos eu fui vulnerável. Continuo a ser um rosto importante, mas não sou só ele. Atuo muito perto em todas as áreas. Acredito que a NV represente os rostos pelo Brasil.

• Qual é a sua opinião sobre o poder da influência, do conteúdo e da experiência para uma marca nos dias atuais?

As marcas não vendem só porque tem um mercado, produto ou oferecem uma experiência impecável. As marcas vendem porque oferecem tudo isso junto. Ela precisa ter um produto e uma experiência excepcional de venda e pós-venda, além de um marketing bacana, porque tem muita gente boa por aí, trilhando o seu caminho. Se tem tudo muito bem estabelecido e maduro, é possível se sobressair muito.

• Como vê esse mercado em cinco anos?

Acredito que toda a força da NV vem porque estudamos os novos mercados, os novos clientes, sem perder o nosso DNA, a nossa força. E é aí que as marcas precisam ficar atentas. Não é porque saiu um TikTok novo que elas precisam aderir. Tem que fazer do seu jeito. E dessa maneira sempre terá algo a acrescentar no mundo em que todo mundo faz mais ou menos a mesma coisa.

SABRINA SATO

• Como foi transformar a menina Sabrina Sato, recém-saída de um reality-show, em uma marca?

Por meus pais e avós terem sido comerciantes, meu desejo sempre foi ter o meu próprio negócio. Cresci dentro de uma loja e a minha família acabou se tornando minha inspiração. Enquanto estava no *Big Brother Brasil*, minha família começou a ver produtos sem licenciamento, na rua 25 de março, em São Paulo, usando a minha imagem. Logo que saí do reality, meus irmãos abriram uma empresa para me agenciar e, desde então, viemos ampliando nosso portfólio de investimentos ano após ano com a Sato Rahal Empreendimentos Artísticos (antes voltada apenas para agenciamento artístico e hoje já se tornou uma holding com empresas do setor de moda, alimentação, tech, foodtech entre outros). Após o reality, lutei com todas as minhas forças para alcançar todos os meus objetivos. Fui aos poucos ganhando o meu espaço, aprendendo, estudando, criando o meu público e fortalecendo minha imagem no mercado. A menina de 2003 continua dentro de mim, mas se transformou. Virei mãe, trabalhei muito, tenho minha família, meus amigos e, assim como na minha vida pessoal, os negócios foram acontecendo de maneira consistente por serem compatíveis ao meu estilo de vida.

• Como a influência digital ajudou a transformar você mesma em uma marca?

São muitos fatores. Todas as minhas experiências profissionais, sejam elas na televisão, no digital, na publicidade, no streaming, contribuíram muito para a minha carreira, e, consequentemente, para a minha influência. Gosto dessa troca, acho importante que as parcerias agreguem para os dois lados. Porque eu também sou uma marca e tenho que ser interessante para elas, e elas para mim. Investi na minha imagem desde sempre e com dedicação.

• Hoje, além da sua própria imagem, sua empresa se tornou uma holding com outras dez marcas. Como é engajar o público em segmentos tão diferentes, usando sempre a Sabrina à frente?

Muito do meu engajamento vem da minha sinergia com todos os meus negócios. Acabo atingindo uma multiplicidade de segmentos, mas todos os meus investimentos partem sempre da afinidade com o consumo. O que não combina com o meu dia a dia, dificilmente estará na minha lista de interesses. Mas um outro ponto superimportante, além de toda afinidade com o produto, é o cuidado na hora de escolher essas áreas, o mercado tem cada vez mais opções, é preciso muito estudo e comprometimento com as aplicações.

• Conte um pouco sobre a Satiko, boneca virtual da Sabrina, e a sua entrada no Metaverso.

Com os avanços digitais, a inteligência artificial tem nos proporcionado experiências e oportunidades antes inimagináveis. E eu, como uma grande entusiasta desse universo, vinha acompanhando o sucesso e as movimentações do mercado com relação aos influenciadores digitais. Fiquei animada com esse novo fenômeno e sua capacidade de suprir nossas limitações do mundo real, além de sua potência como marketing digital. Quando a Biobots me apresentou o projeto fui entender ainda mais sobre esse mercado e os seus desdobramentos. Desde o início do projeto da Satiko, meu pensamento é que ela fosse capaz de conversar com diferentes públicos, sobre diferentes assuntos. Ela não é exclusivamente para fins comerciais, tem uma narrativa que influencia o cotidiano dos seguidores, promove empatia, humor e faz publicidade para marcas que tenham sinergia com a sua personalidade. Recentemente, a Satiko realizou um marco com a sua chegada no metaverso Cidade Alta, proporcionando não só uma mistura maravilhosa entre o real e o virtual em um nível totalmente imersivo e criativo, como também a registrou como a primeira influenciadora virtual brasileira a abrir o seu restaurante no metaverso.

• Qual é a sua opinião sobre o poder da influência, do conteúdo e da experiência para uma marca nos dias atuais?

O poder da influência não é uma ideia nova, mas nos últimos anos, com a ascensão das mídias sociais, o conceito acabou se tornando um dos pilares mais importantes para as marcas. Hoje, quando buscamos um produto para comprar, nos atentamos a uma soma de coisas, como credibilidade, conteúdo e experiências que a marca tem a oferecer para os consumidores. Então, na minha opinião, para construir e manter uma marca forte, todos esses outros aspectos devem ser tão bons quanto o produto ou serviço. Hoje marcas e pessoas já entenderam a importância do propósito no poder da influência, em estabelecer uma posição com mais significado, focando o impacto positivo que elas querem comunicar.

• Como vê esse mercado em cinco anos?

O marketing de influência atraiu muito interesse nos últimos anos e vai continuar proporcionando muitas outras oportunidades, se elas estiverem bem alinhadas às personas e marcas estratégicas. Vivemos na era das mídias sociais e, querendo ou não, o mercado está diretamente ligado a esse universo. Precisamos nos atentar em nossos diferenciais para converter audiência em negócios. Para o futuro, os conteúdos, a influência e a experiência serão recursos ainda mais importantes para marcas que desejam fidelizar e cativar novos consumidores em um cenário virtual cada vez mais lotado de influenciadores.

PARA MAIS CONTEÚDOS,
ACESSE O LINK:

instagram.com/alfredosoares/

TENHO UM PRESENTE PARA VOCÊ

30 dias de acesso gratuito para 10 usuários no G4 SKILLS, a plataforma criada pelo G4 Educação para desenvolver seus colaboradores e alavancar seu negócio.

Nossa plataforma tem como objetivo desenvolver talentos através de uma jornada customizada de acordo com a maturidade da sua empresa e perfil do seu colaborador. Já são mais de 20 mil colaboradores que se desenvolvem com a ferramenta. Aproveite agora e ative também para o seu negócio!

- +200 horas de conteúdo
- Mentores especialistas do G4 Educação
- Avaliação completa sobre a empresa com IA
- Dashboards completos

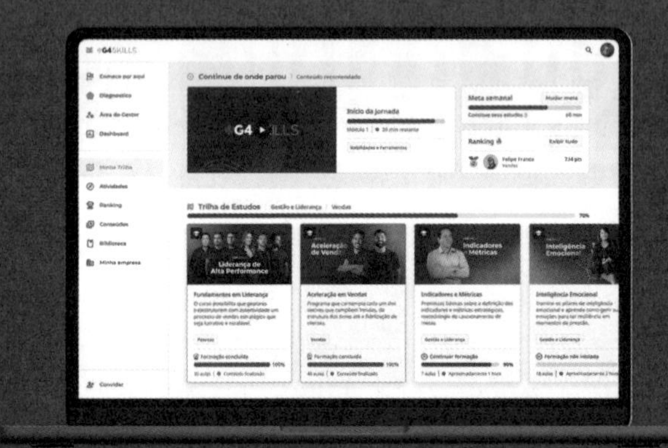

Ative um teste grátis!
G4 SKILLS: a plataforma que capacita seu time e desenvolve sua empresa.

APONTE A CÂMERA DO SEU CELULAR OU ACESSE O LINK ABAIXO PARA ACESSAR A PLATAFORMA:

https://links.g4skills.com/presente-alfredo

CONTEÚDOS EXTRAS

PALESTRAS

Convites para palestras, painéis e eventos, acesse o link:
alfredosoares.com.br/palestras

MENTORIA

Para conhecer mais sobre o meu programa de mentoria, acesse o link:
alfredosoares.com.br/mentoria

CURSO ON-LINE

Para ter acesso a mais de 100 aulas on-line com os principais gestores do Brasil, acesse o link:
alfredosoares.com.br/cursos

PARCERIA

Caso queira fazer parcerias e projetos com o autor Alfredo Soares e as marcas Bora Varejo e Bora Vender, acesse:
alfredosoares.com.br/parceria

REFERÊNCIAS BIBLIOGRÁFICAS

CURY, João Wady. Enquanto eles choram, eu vendo lenços: Os acertos e erros do empresário Nizan Guanaes, que fez de seu grupo um dos maiores da propaganda mundial. 1 ed. São Paulo: HarperCollins Brasil, 2014. 160 p.

DALIO, Ray. Princípios. 1 ed. Rio de Janeiro: Intrínseca, 2018. 592 p.

E-COMMERCE BRASIL. Portal E-commerce Brasil: Muito mais que e-commerce. Disponível em: https://www.ecommercebrasil.com.br/. Acesso em: jun 2020.

MALONE, Michael S.; ISMAIL, Salim; GEEST, Yuri Van. Organizações exponenciais: Por que elas são 10 vezes melhores, mais rápidas e mais baratas que a sua (e o que fazer a respeito). 1 ed. São Paulo: Alta Books, 2019. 288 p.

MOCHARY, Matt; MACCAW, Alex; TALAVERA, Misha. The Great CEO Within: The Tactical Guide to Company Building. 1 ed. New Jersey, EUA: Mochary Films. 192 p.

RIES, Eric; SZLAK, Carlos. A startup enxuta: Como os empreendedores atuais utilizam a inovação contínua para criar empresas extremamente bem-sucedidas. 1 ed. São Paulo: LeYa, 2012. 288 p.

ROSS, Aaron; TYLER, Marylou. Receita previsível: Como implantar a metodologia revolucionária de vendas outbound que pode triplicar os resultados da sua empresa. 1 ed. São Paulo: Autêntica, 2017. 240 p.

SOARES, Alfredo. **Bora vender**: A melhor estratégia é atitude. 1 ed. São Paulo: Editora Gente, 2019. 224 p.

SOARES, Alfredo. **Bora varejo:** Como a cultura de transformação digital ajudou as empresas a enfrentaram a maior crise do século. 1 ed. São Paulo: Editora Gente, 2020. 224 p.

SUPERTI, Pedro. Ouse ser diferente: Como a diferenciação é a chave para se reinventar nos negócios, relacionamentos e vida pessoal. 1 ed. São Paulo: Buzz Editora. 224 páginas.

WEINBERG, Gabriel; MARES, Justin. Traction: How Any Startup Can Achieve Explosive Customer Growth. 1 ed. Nova Iorque: Portfolio, 2015. 240 p.

Este livro foi impresso em papel lux cream 70g
pela Gráfica Rettec em fevereiro de 2024.